Texte, croquis et planches couleurs de Bernard ISSELIN

Editions Fleurus / 31, rue de Fleurus PARIS 6ᵉ

EN GUISE DE LEXIQUE

Vous trouverez ci-dessous les numéros des pages où sont expliqués pour la première fois quelques termes propres à l'astronomie, auxquels vous pourrez vous référer :

Sur la couverture, pages 53, 57 et 65 : clichés U.S.I.S.

Page 42 : cliché Observatoire du Mont-Wilson.

Pages 4, 15 et 19 : clichés Observatoire de Paris.

présentation

La nuit est belle... le firmament est clouté d'étoiles, tout là-haut s'étire la traînée blanchâtre de la Voie Lactée... Soudain un trait d'or raye le velours sombre du ciel... Le C majuscule de la Lune illumine la voûte céleste.

Qui d'entre nous n'a contemplé ce spectacle sans être saisi d'admiration ? Admiration qui souvent se teinte d'interrogations multiples... Certes si notre satellite est devenu familier, d'autres questions se posent : quelle est cette étoile brillante ?... que représentent ces constellations dont le nom date des siècles passés ?... d'où vient cette étoile filante ?...

Ces questions, les hommes se les sont posées depuis des millénaires et pour les résoudre ils ont cherché, donnant ainsi naissance à l'astronomie, science dont l'origine se confond avec les plus antiques civilisations.

Les Anciens avaient été déjà très loin dans la connaissance du ciel. Mais depuis quelques années le perfectionnement des instruments d'observation et le développement de l'astronautique ont fait faire à l'astronomie un formidable bond en avant, si bien qu'il est presque possible de dire que chaque jour enrichit notre connaissance de l'univers et en fait reculer les bornes.

Certes, ce petit livre n'a pas la prétention de tout dire sur ces recherches et ces connaissances, mais il souhaite vous en présenter les bases.

C'est donc à une découverte simple et progressive de l'univers que nous vous

Sur la couverture :
JUPITER.

**Prise à
2 600 000 km de la planète par la sonde Pionnier 10, cette photo montre les formations nuageuses caractéristiques et la célèbre tache rouge.**

convions. Mais l'astronomie est une science riche et complexe, aussi avant d'aborder la lecture des chapitres qui suivent permettez-nous quelques précisions.

● Pour être clair il a été nécessaire d'exposer point par point des phénomènes qui se recoupent entre eux. Ainsi une question qui semblera rester en suspens à la page X sera résolue à la page Y.

● Certaines explications qui peuvent paraître élémentaires ou inutiles se révéleront nécessaires pour la compréhension des données qui viendront par la suite.

● Enfin, il a été parfois impératif de donner des explications assez scientifiques et ce avec les termes qui leur sont propres. Faites l'effort de les assimiler, seules elles permettent une approche de la question.

Et nous espérons qu'après avoir fermé ce « guide », c'est avec un regard neuf, mais aussi avec le regard de celui qui « connaît » donc qui apprécie, que vous lèverez les yeux vers le ciel.

Etoile filante près des Pléiades.

LE
VOCABULAIRE
DE
L'ASTRONOME

Avant d'entreprendre la découverte du ciel, il est important de bien préciser les réalités que recouvrent les noms couramment utilisés en astronomie.

Certes, certains de ces termes sont employés dans le langage journalier, mais pas toujours dans le sens exact de la réalité scientifique qu'ils recouvrent.

Qu'est-ce qu'un astre ?

Un astre est un corps qui se déplace dans l'espace.

La Terre est un astre au même titre que les planètes, comme sont également des astres les satellites, le Soleil, les étoiles, les comètes...

La science qui s'occupe de découvrir les lois qui régissent l'existence et la destinée des astres s'appelle l'astronomie (du grec Astron, astre, et Nomos, loi).

ÉTOILES, SOLEIL

Les étoiles sont d'énormes sphères de gaz incandescents, qui brillent par elles-mêmes.

Le Soleil est l'étoile la plus proche de la Terre.

PLANÈTES

Les planètes sont des globes qui n'émettent aucune lumière. Si ces corps brillent parfois, c'est parce que leur surface réfléchit la lumière qu'elle reçoit d'une étoile (1) (fig. 1).

1 : ÉCLAIREMENT DE GLOBES PLANÉTAIRES PAR UNE ÉTOILE.

---

1) L'Étoile du Berger, si étincelante, n'est en fait qu'une planète vivement illuminée par le Soleil.

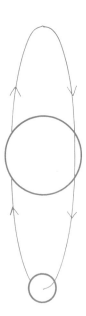

2
UNE PLANÈTE ET SON
SATELLITE.

SATELLITE

Un satellite est un astre secondaire qui tourne autour d'un astre principal. La Lune est un satellite de la Terre (fig. 2).

PHASES

D'une planète ou d'un satellite, l'étoile voisine n'éclaire que la moitié qui est tournée vers elle. Ainsi la Lune, suivant la position qu'elle occupe dans l'espace par rapport à nous, présente différents aspects ou phases (fig. 3) : le premier et le dernier quartier, la nouvelle Lune, la pleine Lune, et toutes les positions intermédiaires.

SATELLITES ARTIFICIELS

Comme leur nom l'indique, il s'agit d'astres créés par l'homme. La plupart du temps ces astres artificiels étant mis en rotation autour d'une planète, on a pris l'habitude de les appeler « satellites artificiels ».

COMÈTES

Les comètes sont des astres, qui comme les planètes, tournent autour du Soleil.

MÉTÉORES

Il s'agit de masses rocheuses ou métalliques de toutes tailles, se déplaçant dans l'espace à de très grandes vitesses.

ÉTOILE FILANTE

Quand un météore pénètre dans l'atmosphère terrestre, sa surface est portée à l'incandescence par le frottement de l'air

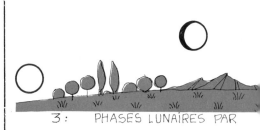

3 :   PHASES LUNAIRES PAR

Bien que se produisant à de très hautes altitudes, ce phénomène est assez lumineux pour être visible du sol.

Autrefois les hommes pensaient que ces fugitives traînées lumineuses étaient des étoiles se décrochant du ciel et tombant vers la Terre. D'où le nom, impropre bien sûr, d'étoiles filantes conservé jusqu'à nos jours.

MÉTÉORITES

Certains météores sont assez gros pour venir frapper le sol de la Terre. On les appelle alors des météorites (1).

Les mouvements des astres dans l'espace

MOUVEMENT APPARENT

Deux trains sont arrêtés l'un à côté de l'autre. Nous sommes dans l'un de ces trains. Soudain, les wagons du train voisin défilent devant nos yeux... Ce convoi démarre-t-il ? Non car, en fait, c'est nous qui avançons. Le mouvement du train voisin est un mouvement apparent.

Si le Soleil se lève et se couche, cela ne signifie pas que ce dernier, comme on le croyait au moyen âge, tourne autour de la

(1) Les météores, généralement de petites tailles, se consument totalement en pénétrant dans l'atmosphère, ou n'arrivent au sol que sous forme d'infime poussière.

APPORT AU SOLEIL ET À L'HORIZON DE L'OBSERVATEUR

Terre. C'est, en fait, la Terre qui tourne sur elle-même. Pour nous, habitants de la Terre, cette dernière paraît immobile parce que nous tournons avec elle. (Si les deux trains dont nous parlions à l'instant démarrent en même temps, à la même vitesse et dans la même direction, les voyageurs auront l'impression d'être immobiles).

Aussi le mouvement du Soleil autour de la Terre est-il un mouvement apparent.

MOUVEMENT RÉEL

En fait, aucun astre n'est immobile, tous sont lancés dans l'espace à de très grandes vitesses, chaque vitesse représentant le mouvement réel de l'astre. Mais nous ne pouvons constater à l'œil nu que les déplacements des astres proches de la Terre, ceci en vertu d'effets de perspectives...

Lorsque nous sommes sur une plage, le canot à rames qui se déplace le long du rivage semble avancer plus vite que le cargo, beaucoup plus rapide, mais situé à l'horizon.

Dans l'espace, nous avons affaire à des masses lancées comme des projectiles, ayant chacune leur vitesse propre, et surtout se déplaçant à des distances très inégales de la Terre. Si la Lune, astre très proche de notre planète, tourne autour de cette dernière à la vitesse de 1 km/seconde, certaines planètes se déplacent à des vitesses égales ou très supérieures (puisqu'un certain nombre atteignent 80, 100 ou même 300 km/seconde). Or on constate que la Lune, animée d'une vitesse relativement modeste, paraît se déplacer sensiblement sur le ciel, d'une heure à l'autre, tandis que les planètes, bien plus rapides mais très lointaines, ne laissent apprécier leurs déplacements qu'après un laps de temps plus ou moins long, et que, pratiquement, les étoiles semblent absolument immobiles.

COMMENT S'ACCOMPLISSENT LES MOUVEMENTS DANS L'ESPACE ?

La plupart des astres se déplacent dans l'espace suivant des courbes fermées appelées orbites.

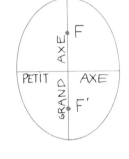

4: L'ELLIPSE.
FF', FOYERS

On peut comparer une orbite à une piste fermée sur laquelle le coureur repasse régulièrement au même endroit, au bout d'un laps de temps dépendant de la vitesse de sa course et de la longueur de la piste.

Ce temps est celui de sa « révolution ». La Terre, par exemple, accomplit sa révolution autour du Soleil en 365 jours 5 heures et des « poussières ».

EXCENTRICITÉ DE L'ORBITE

Les orbites sont toujours des ellipses. L'ellipse est une figure géométrique qui se trace autour de 2 points fixes appelés « foyers » (les foyers étant à l'ellipse ce que le centre est à la circonférence).

Dans l'espace, l'astre principal autour duquel un autre astre décrit une orbite occupe l'un des foyers (l'autre foyer étant un point imaginaire).

L'excentricité de l'orbite se définit par le rapport de la distance entre les deux foyers au diamètre du grand axe (voir fig. 4). Plus les foyers sont écartés, plus l'ellipse est aplatie ; plus les foyers sont proches, plus l'ellipse se rapproche d'un cercle.

APOASTRE ET PÉRIASTRE

Un astre se trouvera au cours de sa révolution à des distances inégales de l'astre principal autour duquel il tourne (fig. 5).

Les astronomes ont ainsi défini deux points spécifiques :

le premier est celui où les deux astres sont le plus proches : on dit alors qu'ils se trouvent au « périastre » ;

le second correspond au moment où les deux astres sont le plus éloignés : on dit à l'« apoastre » (1).

PÉRIASTRE

APOASTRE

5

---

(1) : Dans le cas de l'orbite de la Lune ou d'un satellite tournant autour de la Terre, on précisera « apogée » ou « périgée » (du grec *Gê,* Terre).

Pour une orbite autour du Soleil, ce sera l'« aphélie » et le « périhélie » (du grec *Hélios,* Soleil).

ATTRACTION ET GRAVITATION

La gravitation est la force faisant que les astres se déplacent dans l'espace suivant des orbites et non n'importe comment.

Pour bien saisir ce qu'est la gravitation, rappelons d'abord ce qu'est la « masse d'un corps ».

La masse d'un corps est la quantité de matière qu'il contient. La masse est toujours égale à elle-même, où qu'elle se trouve (dans l'espace, sur Terre, ou sur un astre en général).

Imaginons deux masses quelconques séparées par une distance également quelconque. A la manière d'un aimant attirant vers lui un corps métallique, une force se manifestera (la gravitation) et, les deux masses s'attirant, elles se mettront en marche l'une vers l'autre avec une vitesse accélérant progressivement.

Cette force de gravitation (ou gravité) n'est sensible que pour des masses énormes tels les astres. Une pomme possède une certaine masse, donc théoriquement elle attire la Terre. Mais cette dernière est des milliards de fois plus massive : aussi quand la pomme se détache de la branche tombe-t-elle sur la Terre.

POIDS ET PESANTEUR

La force de gravitation ne cesse de s'exercer sur tout ce qui existe à la surface de la Terre.

Chaque fois que vous soulevez quelque chose, vous sentez cette force. Le poids est la force avec laquelle s'exerce la gravitation. Dire qu'un homme pèse 80 kilos signifie que la Terre attire cet homme avec une force de 80 kilos.

La pesanteur d'un astre est l'action attractive qui s'exerce sur les corps disposés à sa surface. Comme cette action résulte de la masse de cet astre, il s'ensuit que la pesanteur varie pour chaque astre.

Par exemple, la pesanteur à la surface de la Lune est environ 6 fois moindre que celle qui existe sur Terre. Ainsi, un objet pesant 1 kilo sur Terre ne pèsera que 166 grammes sur la surface lunaire.

Plus on s'éloigne d'une masse, moins sa force de gravitation se fait sentir.

Exemple : un satellite artificiel qui pèse 1 000 kg au sol pèsera 1 kg de moins à 3 000 mètres. Lorsque le même engin sera à 6 000 km de la Terre, il ne pèsera plus que 250 kg. En continuant ainsi son ascension, il pèsera de moins en moins, mais son poids ne tombera jamais à zéro : tôt ou tard, il recommencera à prendre du poids en approchant de la Lune, d'une planète, du Soleil ou d'une étoile (tous ces corps ayant eux aussi une gravité).

Cependant, puisque la Terre possède une gravité supérieure à celle de la Lune, pourquoi cette dernière ne vient-elle pas s'écraser sur notre planète ? C'est parce qu'en fait la rotation de la Lune autour de la Terre crée une force dite « force centrifuge » qui s'oppose à la force d'attraction.

LA FORCE CENTRIFUGE

Faites le moulinet avec un seau rempli d'eau (fig. 6) : pas une goutte ne tombera.
Pourquoi ? Parce qu'en faisant tourner le seau il se crée une force qui s'oppose à la gravité terrestre : la force centrifuge. Mais si le moulinet se ralentit, brusquement l'eau s'écoulera, la force centrifuge étant devenue insuffisante pour vaincre l'attraction terrestre.

6

La rotation de la Lune autour de la Terre crée une force centrifuge égale et opposée à la force d'attraction qu'exerce la Terre. Ces deux forces en jeu s'équilibrant, la Lune ne tombera jamais sur la Terre (sauf si, pour une raison ou pour une autre, « quelque chose » freinait la rotation lunaire).

Il faut noter que la Lune exerce aussi sur notre planète une force d'attraction 80 fois plus faible mais néanmoins suffisante pour soulever les eaux des océans (et, à un degré moindre, les continents) et former

7 : AUX YEUX DE L'OBSERVATEUR, LES DEUX ASTRES ONT LES MÊMES DIMENSIONS.

l'immense bourrelet donnant lieu au phénomène des marées (1).

Dans un sens plus vaste, on parle également d'« effets de marée », lorsqu'on veut désigner les effets de l'attraction entre deux astres.

VITESSE D'ÉVASION
(ou vitesse de libération)

La vitesse d'évasion est celle qui doit être communiquée à un corps pour qu'il échappe à l'attraction d'un astre, et atteigne une région de l'espace où cette attraction cesse d'être prépondérante.

Une fusée s'élançant vers la Lune doit atteindre la vitesse de 11 kilomètres/seconde afin d'échapper à la force d'attraction de la Terre. La vitesse d'évasion de notre planète est donc de 11 kilomètres par seconde.

Les distances entre les astres

Si l'on veut exprimer en kilomètres les distances séparant les astres, on obtient des nombres excessivement longs (par exemple l'étoile la plus proche du Soleil est à 38.592.000.000.000 kilomètres), et qui ne sont guère commodes !

C'est pourquoi, les astronomes ont adopté une nouvelle unité, l'« année-lumière », soit la distance parcourue en une année dans le vide par un rayon de lumière, c'est-à-dire plus de 9 milliards de kilomètres.

Dimensions des astres

Devant de tels chiffres on comprend pourquoi l'observation du ciel à l'œil nu ne permet pas de distinguer la plupart des caractères réels des astres.

Le Soleil et la Lune sont les deux seuls dont le contour circulaire se laisse découvrir.

Ceux des planètes ne peuvent être distingués qu'à l'aide d'instruments d'optique,

(1) Voir détail de ce phénomène page 39.

tels la lunette ou le télescope. Mais, quelle que soit la puissance de ces instruments, les dimensions des étoiles restent inappréciables.

Ce que nous apercevons des astres proches de la Terre n'a aucun rapport avec leurs dimensions réelles.

Par exemple, le disque de la Lune semble être de la même dimension que celui du Soleil, bien que le Soleil soit en réalité 400 fois plus gros que la Lune (fig. 7). Il s'agit là d'une illusion due à la perspective, car si le Soleil est 400 fois plus gros que la Lune il est aussi 400 fois plus loin.

Le système solaire

Les astronomes emploient le mot « système » pour désigner un ensemble d'astres qui restent groupés et organisés les uns par rapport aux autres.

Le « système solaire » désigne l'ensemble des planètes (accompagnées, ou non, d'un ou plusieurs satellites) qui tournent autour du Soleil.

Imaginons les planètes traçant des pistes dans l'espace. A part quelques exceptions, on constaterait alors que ces « pistes orbites » se disposent concentriquement suivant un même plan, et que l'ensemble forme un immense disque de 11 milliards de kilomètres de diamètre.

Mais, en réalité, il faut considérer le système solaire comme beaucoup plus vaste, si l'on fait entrer en ligne de compte les orbites des comètes qui présentent des allongements considérables, car depuis que l'homme observe le ciel les comètes existantes ne lui sont probablement pas encore toutes apparues (1), et pour cette raison on ignore les dimensions réelles du système solaire. De toute façon, aussi grandes qu'elles puissent être, elles sont insignifiantes par rapport aux distances existant entre les étoiles.

(1) La fameuse comète Kohoutek vient d'apparaître aux yeux des astronomes pour la première fois.

Un exemple : si nous réduisons le diamètre du Soleil (1) à une bille de 1 centimètre, la Terre réduite dans les mêmes proportions aura la taille d'un microbe et se trouvera à 15 mètres de la « bille-soleil ». Pluton, la planète la plus lointaine, sera à 750 mètres. Et l'étoile la plus proche serait alors éloignée de notre « mini-système-solaire » de 3 800 km (soit environ la distance de Paris à Moscou).

Étoiles et constellations

Lorsque nous regardons les étoiles, nous voyons que certaines paraissent groupées et forment des alignements (ou constellations) présentant parfois une régularité géométrique frappante.

Ces groupements caractéristiques sont des effets de perspective, et ne correspondent nullement à une association réelle (comme le système solaire par exemple).

Remarquées de toute antiquité, les constellations furent dotées de noms symboliques ou mythologiques conservés depuis.

Dans chaque constellation, les principales étoiles, par ordre décroissant d'éclat, ont été désignées à l'aide d'une lettre de l'alphabet grec : Alpha la plus brillante, Béta la seconde, et ainsi de suite (2).

En résumé, nous sommes sur une planète nommée Terre qui, de concert avec d'autres, tourne autour de l'étoile du nom de Soleil. Cette famille céleste constitue le système solaire dont nous avons constaté les dimensions.

Tous ces astres réunis forment un immense groupement, ressemblant à une lentille d'un diamètre de 100 000 années-lumière (fig. 8), appelé « galaxie ».

---

(1) C'est-à-dire 1 391 000 kilomètres.

(2) Certaines étoiles, dont l'éclat ou la position sont privilégiés, ont reçu des noms propres : Sirius, par exemple, qui est l'étoile la plus brillante du ciel, ou bien l'Étoile Polaire qui indique le Nord aux navigateurs.

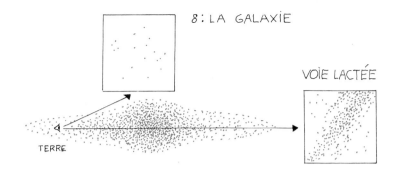

8 : LA GALAXIE

VOÌE LACTÉE

TERRE

Le système solaire étant situé à l'intérieur de la galaxie, au point indiqué sur le croquis, on découvrira un nombre d'astres plus ou moins important suivant la direction vers laquelle le regard se portera. En direction du centre de la galaxie, un maximum d'étoiles apparaît sous la forme d'un halo blanchâtre appelé Voie Lactée.

Nous verrons à la fin de cet ouvrage qu'il existe dans l'univers des milliards de galaxies.

LES PLÉIADES.

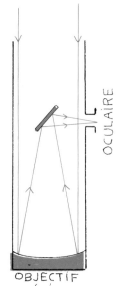

OBJECTIF.
1 : TÉLESCOPE.
LA LUMIÈRE DE
L'ASTRE EST REFLÉCHIE
ET CONDENSÉE
PAR UN MIROIR

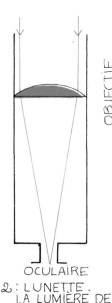

OCULAIRE
2 : LUNETTE.
LA LUMIÈRE DE
L'ASTRE PASSE DANS
UNE LENTILLE.

LES
instruments
DE
L'ASTRONOME

Le Soleil et la Lune sont les deux seuls astres dont nous pouvons découvrir la forme réelle à l'œil nu.

Tous les autres (planètes, étoiles) ne nous apparaissent que sous forme de points plus ou moins lumineux. Aussi, utilise-t-on pour les étudier divers instruments d'optique, tels les **lunettes et télescopes** (1). Ils permettent :

● de distinguer des détails que l'œil nu confondrait (agrandissement) ;

● de condenser la lumière émise par un astre, d'où la possibilité d'apercevoir des corps célestes que l'œil nu ne peut déceler (2).

Chaque lunette (ou télescope) comprend deux parties principales :

● l'objectif, qui est tourné vers l'objet lumineux et qui reçoit sa lumière ;

● l'oculaire, où se place l'œil de l'observateur pour regarder l'image agrandie par l'objectif.

Les télescopes sont équipés d'un objectif à miroir (fig. 1).

Les lunettes ont un objectif à lentille (fig. 2).

_____

(1) Tous les instruments utilisés par les astronomes sont guidés de telle façon que, malgré la rotation de la Terre, ils restent dirigés exactement vers la région du ciel que l'on veut observer. Le dispositif utilisé à cet effet s'appelle une « monture équatoriale ».

(2) La lumière ainsi reçue peut être 400 000 fois plus forte que celle visible par l'œil nu.

L'ASTROGRAPHE

Cet instrument combine le pouvoir grossissant d'un télescope (ou d'une lunette) avec le pouvoir d'accumuler la lumière reçue par la plaque photographique.

Certaines étoiles sont si peu lumineuses que, même en braquant sur elles un télescope, la lumière reçue est encore trop faible pour être discernable par l'observateur. Par contre, cette lumière peut être fixée par une plaque photographique pendant plusieurs minutes, voire plusieurs heures : finalement il y aura assez d'énergie lumineuse pour impressionner le film.

LE CORONOGRAPHE

Autour du Soleil existe une enveloppe gazeuse, normalement invisible en raison de l'éclat de l'astre. Cependant lors d'une éclipse totale de Soleil, alors que le disque solaire est entièrement masqué par la Lune, cette enveloppe devient visible.

Comme les éclipses totales de Soleil sont peu fréquentes, un astronome français, Bernard Lyot, a mis au point un appareil réalisant une éclipse artificielle, permettant ainsi l'étude du Soleil en plein jour. Cet appareil s'appelle un « coronographe ».

LE PHOTOMÈTRE

Les premiers astronomes classèrent les étoiles par ordre de luminosité à l'œil nu. L'astronomie moderne a remplacé l'œil par un appareil appelé « photomètre ».

Dans le photomètre, la lumière qui arrive de l'astre est recueillie sur une cellule photo-électrique (1), et l'intensité du courant produit renseigne sur l'intensité de l'éclat reçu.

Si tous les astres de l'espace se trouvaient à la même distance de la Terre, l'éclat mesuré serait l'éclat réel de l'astre. Or, les astres sont à des distances très inégales

(1) Une cellule photo-électrique est un dispositif réagissant à la lumière en produisant du courant électrique.

de la Terre. Ainsi, vue de notre planète, une étoile très brillante mais très lointaine peut paraître moins éclatante qu'une autre beaucoup moins lumineuse réellement mais plus proche de nous.

Le photomètre permet de déterminer l'éclat réel d'une étoile (ou « magnitude absolue ») d'après son éclat apparent (ou « magnitude relative »), c'est-à-dire celui que l'on reçoit sur Terre.

A partir de ces deux données (magnitude relative et magnitude absolue) on peut également calculer à quelle distance de la Terre se trouve l'étoile.

LE SPECTROSCOPE

Les molécules gazeuses contenues dans l'atmosphère terrestre filtrent les rayons solaires, en absorbant certaines couleurs.

D'autre part, en passant dans un prisme de verre un rayon solaire, blanc au départ, se décompose en donnant les couleurs de l'arc-en-ciel (l'image obtenue s'appelle un « spectre »). Voir planche couleurs page 25, croquis A.

Le spectroscope est un appareil comportant un prisme qui décompose la lumière venant d'un astre, et la projette sur un écran ou une plaque photographique.

Si, en venant à nous, la lumière de l'astre observé a traversé un gaz, certaines couleurs, absorbées par les molécules gazeuses, seront absentes du spectre. A leur place il y aura des raies sombres à un endroit précis du spectre (croquis B).

Les savants, par des expériences de laboratoire, savent à quels gaz correspond telle ou telle raie (croquis C). Ainsi, d'après l'emplacement des raies qui apparaissent dans le spectre d'un astre, les astronomes découvrent quels gaz ont été traversés par la lumière, autrement dit quels gaz se trouvent dans l'atmosphère de l'astre.

LE RADIO-TÉLESCOPE

En plus de la lumière, certains corps célestes envoient des ondes radio-électriques.

Ces corps s'appellent des « radio-sources ». On reçoit ces ondes sur des antennes géantes orientées vers la radio-source (1) ; l'ensemble de l'appareillage s'appelle un radio-télescope.

L'étude radio-astronomique du cosmos permet de détecter des émissions en provenance de la Lune, du Soleil, des étoiles de notre galaxie ou extra-galactiques.

C'est grâce à l'utilisation de ces divers instruments que nous pouvons connaître les indications concernant planètes, étoiles, galaxies, etc., qui vous sont données dans les chapitres suivants.

---

(1) Plus la surface de ces antennes est grande, plus les chances de capter une émission sont importantes. C'est ce qui explique le gigantisme des installations (voir photo ci-dessous).

QUELQUES-UNES DES ANTENNES DU RADIO-TÉLESCOPE DE NANÇAY (Sologne).

PAS DE LIMITE PRÉCISE

EXOSPHÈRE

540 Km

IONOSPHÈRE

80 Km

MÉSOSPHÈRE

30 Km

STRATOSPHÈRE

10 km

TROPOSPHÈRE

1 : LES DIFFÉRENTES COUCHES DE L'ATMOSPHÈRE.

LE SYSTÈME TERRE·lune

○●●●

La Terre et la Lune sont des astres si rapprochés qu'ils sont souvent décrits comme « planète double » ou désignés par « système Terre-Lune ».

LA TERRE

La Terre est une boule de 13 000 km de diamètre suspendue dans l'espace.

Son volume représente plus de 1 000 milliards de km3, et la force d'attraction développée par une telle masse retient dans son champ l'enveloppe de gaz que nous appelons « atmosphère » et qui s'élève jusqu'à plus de 1 200 km.

Cependant, avant que cette limite ne soit atteinte l'air est déjà très raréfié car, en fait, il n'y a pas de limites précises entre l'atmosphère et l'espace.

La moitié de l'air se trouve dans les 5 premiers kilomètres (1) et les 10 kilomètres qui suivent contiennent presque tout le reste.

Du début de la stratosphère jusqu'à l'exosphère, on ne trouve plus guère que 1/10e de l'atmosphère totale (voir fig. 1 montrant les différentes couches de l'atmosphère).

Bien que très légère l'atmosphère a un poids qui exerce sur le sol une pression ou « pression atmosphérique » (2).

Au niveau de la mer, la pression atmosphérique représente normalement et en

(1) Car la gravité est plus forte au sol.

(2) Le poids de la totalité de l'atmosphère terrestre est de 5 millions de milliards de tonnes.

moyenne un poids de 1 kilo par centimètre carré ; les scientifiques disent « une pression de 1 atmosphère » (2 atmosphères = 2 kilos, etc.).

Nous ne sentons pas le poids de l'atmosphère parce que, fluide, elle épouse les moindres contours de notre corps et s'insinue à l'intérieur par tous les orifices naturels (principalement la bouche et les narines). Nous nous trouvons ainsi sous pression d'un kilo à l'intérieur comme à l'extérieur, équilibre qui reste généralement constant sauf dans certains cas, par exemple lorsqu'on s'élève en avion : la pression extérieure diminue tandis que notre pression intérieure reste ce qu'elle était au départ, et cette dernière, poussant vers l'extérieur, produit une sensation désagréable sur nos tympans. Pour y remédier, les hôtesses de l'air offrent des bonbons ; en les avalant, un peu de la pression intérieure s'en va, l'équilibre est rétabli et de nouveau tout va bien.

Ce phénomène montre que la pression atmosphérique varie avec l'altitude. Aussi les savants prennent-ils comme unité la « pression au niveau de la mer », ce dernier exprimant l'altitude zéro.

Composition de l'atmosphère terrestre

Au niveau de la mer et jusqu'à l'altitude de 100 km environ, la composition de l'air reste identique, seules sa température et sa pression changent.

On trouve 78 % d'azote, 20 % d'oxygène, 0,03 % de gaz carbonique, et en d'infimes proportions du néon, de l'hélium, du krypton et du xénon.

Aux basses altitudes, l'air contient en plus de la vapeur d'eau et des poussières.

Les gaz, en général, sont constitués de minuscules particules de matières invisibles nommées « molécules ». Suivant la température, ces molécules sont animées de vitesse plus ou moins grandes, les projetant en tous sens.

Les molécules d'oxygène et d'azote, par exemple, se déplacent à des vitesses voisines de 1 km/seconde à 0 °C (cette vitesse augmentant avec la température).

Cependant, pour une même température toutes les molécules n'ont pas la même vitesse : celle des gaz lourds sera lente, et celle des gaz légers plus rapide.

A la température atmosphérique normale, ces dernières atteignent en général une vitesse supérieure à la vitesse d'évasion et s'échappent à tout jamais dans l'espace (1). Aussi, sur la Terre, ne rencontre-t-on que des gaz dont les molécules n'atteignent jamais la vitesse d'évasion (c'est-à-dire une majorité de gaz lourds).

Rôles de l'atmosphère

L'atmosphère, en séparant la surface de notre planète du vide spatial et de tout ce qui s'y déplace, joue un rôle vital pour l'espèce humaine.

L'écran formé par l'air la protège très efficacement des redoutables rayons cosmiques (les rayons ultraviolets, par exemple, s'ils n'étaient pas en partie filtrés par l'atmosphère, nous infligeraient les pires dommages).

Même chose en ce qui concerne les météores, puisque la plupart se désintègrent dans l'atmosphère avant d'arriver au sol.

Enfin, l'atmosphère est aussi le véhicule de la chaleur et des sons. Là où elle n'existe pas, la voix et les bruits ne se propagent pas, même à très faible distance.

Couleurs du ciel terrestre

La lumière qui vient du Soleil est blanche.

Si l'on fait passer un rayon de soleil dans un prisme de verre, on constate qu'il se décompose en toutes les couleurs de l'arc-en-ciel (voir croquis en couleurs page 36).

(1) Ce phénomène n'a rien d'inquiétant car c'est une très minime quantité de gaz qui s'échappe, et cela ne nuit en rien à la vie sur Terre.

Cela prouve que la lumière du Soleil est formée du mélange de toutes les couleurs.

Lorsqu'un rayon solaire pénètre dans l'atmosphère, les molécules gazeuses contenues dans l'air filtrent les couleurs sauf le bleu. Le ciel revêt alors, dans son ensemble, une coloration bleue.

Parfois les gouttes d'eau contenues dans l'air peuvent jouer le rôle de minuscules prismes qui décomposent les rayons solaires : il se forme alors un arc-en-ciel.

Enfin, à très haute altitude, quand il n'y a plus que quelques molécules dispersées, la lumière n'est plus décomposée, il n'y a plus de couleur et le ciel reste noir (même quand le soleil brille) (1).

Couleurs du Soleil

Lorsque le Soleil est haut sur l'horizon, vers midi, sa lumière ne traverse qu'une couche d'air minimum, les rayons jaunes passent, et le disque solaire nous paraît jaune.

Par contre, quand approche le coucher du Soleil, sa lumière traverse une couche d'air maximum, les rayons bleus et jaunes sont interceptés, seuls les rayons rouges passent et le soleil nous apparaît rouge.

Le jour et la nuit

Le Soleil brille toujours, mais sa lumière n'éclaire que le côté de la Terre qui est tourné vers lui, l'autre étant dans l'ombre (2).

La rotation de la Terre fait qu'une région donnée passera successivement dans l'ombre (nuit) et dans la lumière (jour).

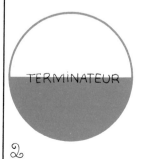

TERMINATEUR

2

---

(1) Les photos prises sur la Lune par les astronautes montrent le ciel d'un monde sans atmosphère.

(2) La limite entre le côté obscur et le côté éclairé de la Terre (ou de tout astre en général) s'appelle le « terminateur » (fig. 2).

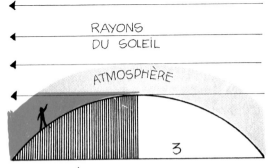

RAYONS DU SOLEIL

ATMOSPHÈRE

3

Enfin, la haute atmosphère, exposée aux rayons du Soleil avant le sol, est responsable des états intermédiaires entre la nuit et le jour (l'aube et le crépuscule) (fig. 3).

La rotation de la terre

Le mouvement de rotation de la Terre se fait dans le sens Ouest-Est, autour d'une ligne imaginaire passant par le centre du globe. Cette ligne est l'« axe de rotation » de notre planète, les deux extrémités de cet axe étant le pôle Nord et le pôle Sud (1) (fig. 4).

Chaque jour, après s'être levé à l'Est, le Soleil monte dans le ciel. Quand il atteint son point le plus haut (ou zénith) il est midi. Puis, continuant sa course apparente vers l'Ouest, il finit par disparaître derrière l'horizon.

Lorsque le Soleil, le lendemain, sera de nouveau au zénith, il se sera écoulé 24 heures, soit la durée de la rotation terrestre.

Ce mouvement étant très régulier, chacun pourrait régler sa montre d'après l'astre du jour. Mais en passant d'un pays à l'autre il faudrait continuellement la remettre à l'heure. Aussi tous les pays du monde ont-ils adopté un temps commun ou « temps universel » (T.U.).

La Terre est divisée en 24 sections méridiennes ou fuseaux horaires. Ces lignes marquent les limites de chaque zone

PÔLE NORD

HÉMISPHÈRE NORD

HÉMISPHÈRE SUD

PÔLE SUD

4

Ci-contre :

A. La lumière blanche se décompose en un spectre coloré (arc-en-ciel).

B. Si un gaz entoure l'astre, certaines couleurs seront absorbées, et à leur place des raies sombres apparaîtront dans le spectre.

C. Par des expériences, les savants savent déterminer quel est le gaz qui absorbe telle ou telle couleur.

(1) En reliant les deux pôles par une ligne passant à la surface de la Terre, on obtient un grand cercle du nom de « méridien ».

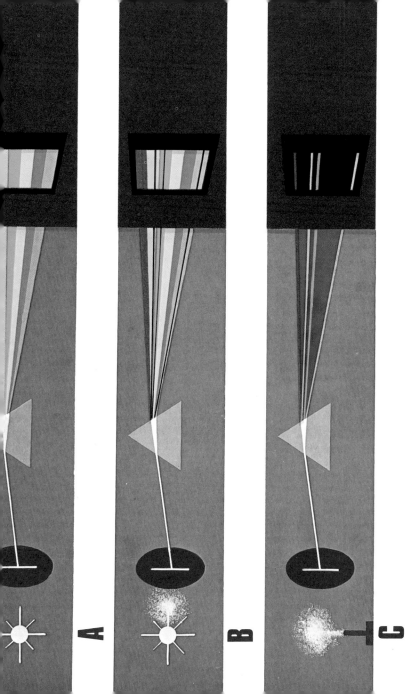

A

B

C

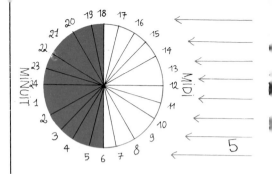

horaire bien que, pour des raisons de commodités, on ait quelquefois pris comme limites les frontières des Etats (fig. 5).

La détermination du temps est calculée à partir du méridien de Greenwich (du nom d'une ville anglaise située sur ce méridien). A l'Ouest de Greenwich il est plus tôt, à l'Est plus tard. Par exemple, quand il est midi à Greenwich, il est 7 heures du matin à New York, et 19 heures à Hong-Kong.

Le ciel nocturne

Pendant la journée les étoiles brillent, mais la formidable clarté du Soleil nous empêche de les apercevoir.

Quand les régions que nous habitons sont entraînées dans l'ombre par la rotation du globe, le ciel s'assombrit, et les étoiles deviennent visibles petit à petit.

Toujours à cause de la rotation, les étoiles, comme de minuscules soleils, sont aussi animées d'un mouvement apparent. Et, telle une immense roue, la voûte céleste (1) semble tourner autour d'un point fixe ou « pôle céleste ».

Le pôle céleste est situé directement dans le prolongement de l'axe de rotation de notre planète qui, nous le savons, passe par le Pôle Nord (fig. 6).

Tout près du pôle céleste il y a une étoile

PÔLE NORD

(1) Entendre par là une voûte imaginaire sur laquelle seraient fixés les étoiles et tous les autres astres.

baptisée Etoile Polaire. D'après la hauteur de l'Etoile Polaire au-dessus de l'horizon, il est possible de calculer à quelle distance l'on se trouve du Pôle Nord. Si l'on est au Pôle Nord, l'Etoile Polaire se trouve au zénith.

Dans l'hémisphère Sud il n'y a pas d'étoile coïncidant avec le pôle céleste Sud.

Orbite de la terre

En plus de sa rotation sur elle-même la Terre tourne autour du Soleil, cette révolution étant accomplie en 365 jours un quart ou « année sidérale », à la vitesse de 30 kilomètres par seconde (le chemin ainsi parcouru représentant un milliard de kilomètres).

Nous ne nous rendons pas compte de cette vitesse car, dans l'espace, rien ne vient troubler la course de notre planète, et cette dernière s'y déplace sans à-coups.

La révolution de la Terre s'effectue suivant un plan imaginaire ou « plan de l'écliptique » (voir croquis couleurs page 29).

Les saisons

Le plan de l'écliptique passe par le centre de la Terre et coïncide avec l'axe de rotation de notre planète. Cet axe est incliné de 23° environ sur le plan de l'écliptique, et reste orienté de la même façon, dans la même direction.

Il en résulte que l'ensemble du globe, au cours de sa révolution, présente des orientations progressivement et alternativement changeantes vis-à-vis du Soleil, responsables du phénomène des saisons et de l'inégalité des jours et des nuits.

Les variations saisonnières de température, pour une région donnée, dépendent en grande partie de l'angle sous lequel cette région reçoit les rayons du Soleil (fig. 7).

Sur la planche couleurs de la page 29 nous avons représenté notre planète aux 4 positions caractéristiques qu'elle occupe et qui

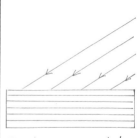

EN HIVER, UNE RÉGION REÇOIT LES RAYONS SOLAIRES SOUS UN ANGLE TRÈS FAIBLE.

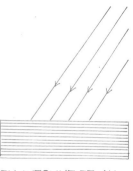

EN AUTOMNE ET AU PRINTEMPS, LA MÊME RÉGION REÇOIT LES RAYONS SOLAIRES SOUS UN ANGLE PLUS FORT.

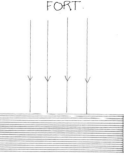

EN ÉTÉ, CETTE RÉGION REÇOIT LES RAYONS SOLAIRES SOUS UN ANGLE TRÈS FORT

divisent l'année en saisons : les solstices et les équinoxes. On constate qu'à chaque position un point géographique coïncide avec le plan de l'écliptique.

Ainsi, aux équinoxes, la rotation du globe entraîne ce point suivant le cercle imaginaire de l'équateur, alors qu'aux solstices ce point se déplace sur un tropique (Tropique du Capricorne au Sud, Tropique du Cancer au Nord).

Enfin, les cercles polaires Nord et Sud délimitent les régions restant dans l'ombre au cours de l'hiver de chaque hémisphère.

LES SAISONS NE SONT PAS D'ÉGALE DURÉE

Le printemps commence à l'équinoxe de printemps pour se terminer au solstice d'été.

L'été débute au solstice d'été pour se terminer à l'équinoxe d'automne.

L'automne commence à l'équinoxe d'automne pour finir au solstice d'hiver.

Enfin, l'hiver dure depuis le solstice d'hiver jusqu'à l'équinoxe de printemps.

Si la rotation de la Terre autour du Soleil traçait une orbite circulaire, ces 4 saisons seraient d'égale durée. Mais l'orbite terrestre est elliptique, et le Soleil n'occupe pas le centre de l'ellipse mais un des foyers.

Sur la figure 8, on voit qu'en reliant les équinoxes et les solstices les sections d'orbite ainsi déterminées sont d'inégale longueur. En conséquence la Terre, se déplaçant toujours à la même vitesse, parcourra ces sections en des temps inégaux.

Aussi, dans notre hémisphère, le printemps dure-t-il 92 jours, l'été 93 jours, l'automne 89 jours et l'hiver 89 jours également. (Il s'agit là de valeurs moyennes, car l'année ne se divise pas exactement en 365 jours).

La Terre se trouve au périhélie au mois de janvier, alors que, début juillet, notre planète est à l'aphélie.

SOLSTICE

TROPIQUE

N

N

ÉQUATEUR

N

ÉQUATEUR

EQUINOXE

EQUINOXE

**PLAN
DE
L'ÉCLIPTIQUE**

N

TROPIQUE

SOLSTICE

La quantité de chaleur que la Terre reçoit à l'aphélie est de 7 % supérieure à celle reçue au périhélie.

Comme ces dates coïncident à peu près avec celles des solstices, de telles conditions contribuent à atténuer ou à exagérer les caractères saisonniers.

Le calendrier

La terre tourne autour du Soleil en 365 jours 5 heures 48 minutes et 46 secondes.

Cependant une année normale, sur le calendrier, dure bien 365 jours. Mais, pour rattraper le quart de jour restant, tous les 4 ans on ajoute arbitrairement un jour au mois de février, et l'année est dite « bissextile ».

LA LUNE

La Lune est notre plus proche voisine, les 400 000 km environ qui nous en séparent étant peu de chose comparés aux distances qui existent généralement entre les planètes.

Satellite naturel de la Terre, la Lune a la forme d'un globe de 3 480 km de diamètre, soit un peu plus du quart de celui de la Terre.

La belle lumière que nous envoie quelquefois la Lune n'est en fait que la réflexion par sa surface des rayons qu'elle reçoit du Soleil (fig. 9). Son « albédo », comme disent les astronomes, est voisin de 0,07 ; ce qui signifie que la surface lunaire renvoie 7 % de la lumière reçue du Soleil.

Nature du globe lunaire

Les sismographes (1) installés sur la Lune au cours des missions « Apollo » ont

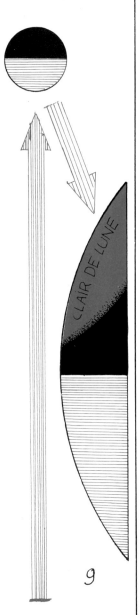

CLAIR DE LUNE

9

(1) Sismographe : instrument très sensible destiné à enregistrer l'heure, la durée et l'amplitude des tremblements de la Terre ou de la Lune.

retransmis à la Terre l'enregistrement du moindre tremblement de Lune.

Les savants ont ainsi noté que les secousses augmentaient en intensité lorsque la Lune était au périgée. L'effet de marée (voir page 39), qui atteint alors son maximum, fait que la surface de notre satellite dirigée vers la Terre se soulève d'un mètre environ, provoquant l'ébranlement de l'ensemble du globe lunaire.

Les secousses journalières survenant en dehors de ces périodes seraient dues soit à d'autres mouvements de l'écorce lunaire, soit aux impacts de météores qui ne cessent de s'abattre sur le sol lunaire.

Les techniciens de la N.A.S.A. ont, à leur tour, provoqué des tremblements de Lune en précipitant sur sa surface l'étage de remontée du L.M. (1). Les sismographes ont indiqué de quelle manière se propageaient les ondes sismiques provoquées par cet impact, et ainsi fourni de nombreux indices sur la nature de l'intérieur du globe lunaire.

Selon certains géologues, la Lune ne serait pas constituée, comme la Terre, de couches successives, mais uniquement de roches à l'état solide, même au centre.

D'autres savants, au contraire, attribuent à notre satellite un noyau incandescent, recouvert d'une couche de poussière tassée et très solide, de 6 km d'épaisseur.

La surface lunaire

Traditionnellement, on distingue à la surface de la Lune des « cratères », des « mers » et des « montagnes ».

Les **cratères** (ou cirques lunaires) ont deux origines :

Certains, comme le confirme la présence de roches basaltiques alentour, sont d'origine volcanique.

---

1) Cabine de pilotage du module lunaire (Lunar Module) abandonnée par les astronautes quand ils reviennent vers la Terre.

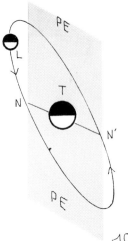

NN' : LIGNE DES NOEUDS
T : TERRE, L : LUNE
PE : PLAN DE
L'ÉCLIPTIQUE .

Ci-contre : **LES PHASES DE LA LUNE.**

En bleu : la Lune dans l'espace.

En jaune : la Lune telle que nous la voyons dans le ciel.

D'autres sont les traces laissées par l'impact de météores. De toutes tailles, ces cratères peuvent être profonds de plusieurs milliers de mètres, et certains ont des diamètres dépassant 200 kilomètres.

On peut imaginer l'impact, sur la Lune, d'une météorite de grosse taille qui, en percutant le sol, provoque la liquéfaction d'une énorme quantité de roches. Telle de la lave expulsée d'un volcan, la roche liquide se répand alors alentour, comblant les creux, rabotant les bosses, et créant ainsi une vaste plaine, une **mer lunaire.**

Les observateurs des temps passés avaient beaucoup d'imagination. Considérant les vastes taches sombres comme des mers, ils leur donnèrent des noms poétiques : Mer de la Sérénité, Océan des Tempêtes, Golfe des Iris... On a conservé ces noms, bien qu'en fait il n'y ait peu ou pas d'eau sur la Lune.

Par rapport à la taille modeste de l'astre, les **montagnes lunaires** sont en moyenne plus élevées que celles de la Terre. Groupés en chaînes ou isolés, certains sommets dépassent 8 000 mètres.

Ainsi qu'aux « mers », les premiers astronomes donnèrent à ces formations des noms sans grand rapport avec la réalité. S'il existe sur la Lune un « Mont-Blanc », des « Alpes », un « Caucase »... cela ne signifie pas pour autant que ces montagnes ressemblent à leurs équivalents terrestres. En fait, les photos des astronautes montrent que les pics lunaires ressemblent plus à des collines très élevées qu'à des massifs escarpés tels ceux que l'on connaît sur Terre.

Pourquoi n'y a-t-il pas d'atmosphère sur la lune ?

Nous savons que les gaz composant l'atmosphère terrestre sont ceux dont les molécules n'atteignent jamais la vitesse d'évasion.

La gravitation, à la surface de la Lune, est six fois moindre que celle de la Terre. En conséquence la vitesse d'évasion, six fois plus faible, est inférieure à la vitesse atteinte en général par les molécules gazeuses.

Même si la Lune a possédé pendant un moment une atmosphère, les molécules gazeuses entrant dans sa composition s'échappèrent petit à petit dans l'espace.

Les mouvements de la Lune

La Lune décrit une orbite elliptique autour de la Terre. Cette orbite est inclinée de 5° 84 sur le plan de l'écliptique, qu'elle coupe en deux points que l'on nomme « nœuds » (fig. 10).

La Lune effectue aussi une rotation sur elle-même. Cette rotation est égale à sa révolution, soit environ 27 jours.

En conséquence, notre satellite nous présente continuellement la même face (fig. 11).

Il a fallu placer en orbite autour de la Lune des satellites artificiels pour découvrir la

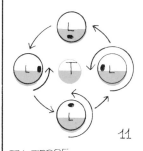

11

T : TERRE
L : LUNE

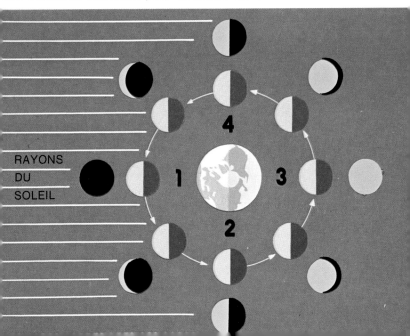

LUMIÈRE CENDRÉE

LUMIÈRE SOLAIRE

12

face cachée. Cette dernière ressemble beaucoup à la face connue, et il y a peu de chances pour que la nature du sol soit différente.

Les phases de la Lune

Nous avons découvert page 6 ce qu'il fallait entendre par « phases lunaires ». La planche couleurs page 33 explique le phénomène :

1. La Lune est dite « en conjonction ». Elle tourne vers la Terre sa face non éclairée et nous ne la voyons pas : c'est la « nouvelle Lune ».

2. La Lune est « en quadrature ». Nous ne voyons que la moitié de la face éclairée : c'est le « premier quartier ».

3. La Lune est « en opposition ». Toute sa face éclairée est tournée vers la Terre : c'est la « pleine Lune ».

4. La Lune est de nouveau « en quadrature ». C'est le « dernier quartier ».

Entre la « nouvelle Lune » et le « premier quartier », notre satellite présente chaque jour un croissant argenté un peu plus grand : on dit que la Lune est croissante.

Entre la « pleine Lune » et la « nouvelle Lune », le croissant diminue chaque jour : on dit que la Lune est décroissante.

On peut facilement reconnaître le premier et le dernier quartier à l'orientation des « cornes » du croissant (1).

---

(1) Pour s'y reconnaître, utiliser cette petite phrase : « La Lune est une menteuse : quand elle fait un D elle croît, quand elle fait un C elle décroît ».

34

Quelquefois, alors qu'on ne voit qu'un très fin croissant, il est possible d'apercevoir, faiblement éclairé, le reste du disque lunaire. La lumière que reçoit la Lune, dans ce cas, est celle que le Soleil envoie à la Terre, et que cette dernière renvoie vers notre satellite (fig.12). Cette illumination réduite du globe lunaire est appelée « lumière cendrée ».

PHÉNOMÈNES PRODUITS PAR LA LUNE

Les éclipses de Soleil

Il y a éclipse de Soleil lorsque le Soleil cesse d'être visible parce qu'il est caché par la Lune.

Regardons la planche couleurs page 44, croquis A et comparons-la avec la planche de la page 33.

Nous avons représenté le Soleil, la Lune et la Terre comme étant dans le même plan. S'il en était ainsi, il devrait y avoir une éclipse de Soleil à chaque « nouvelle Lune ».

Mais en réalité l'orbite lunaire étant inclinée sur l'écliptique, l'ombre de la « nouvelle Lune » passera la plupart du temps un peu en dessus ou un peu en dessous de la Terre.

Pour qu'il y ait éclipse de Soleil, il faut que la Lune se trouve sur la ligne des nœuds, ce qui n'arrive que 25 fois par an. En outre, le Soleil doit également se trouver sur cette ligne, ce qui se produit 2 fois par an (page 44, croquis C).

DIFFÉRENTS TYPES D'ÉCLIPSES DE SOLEIL

Pour des raisons de perspectives, le diamètre apparent du Soleil et celui de la Lune sont très voisins, mais non égaux, la Lune et le Soleil n'étant pas toujours à la même distance de la Terre.

Ainsi, lorsque la Lune est au périgée et le Soleil à l'apogée, le diamètre apparent de la

13

LE DISQUE DE LA LUNE MASQUE TOTALEMENT CELUI DU SOLEIL

Lune est supérieur à celui du Soleil. Si, à ce moment, les trois astres (Soleil, Lune, Terre) sont alignés sur la ligne des nœuds, le disque de la Lune masque totalement celui du Soleil : l'éclipse est **totale** (fig. 13).

Si les positions sont inversées (la Lune à l'apogée et le Soleil au périgée), le disque lunaire, plus petit, ne masquera pas totalement celui du Soleil et l'éclipse sera **annulaire** (fig. 14.).

Les éclipses totales de Soleil ne peuvent être vues que d'une région très étroite de la Terre, car la partie de l'ombre qui arrive sur notre planète est peu étendue (fig. 15, p. 38).

La région plongée dans l'ombre n'a jamais plus de 270 km de large, et l'éclipse n'est

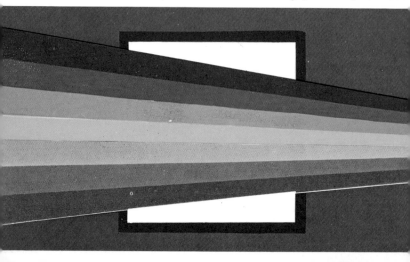

totale que pour les observateurs situés dans cette région.

Pour ceux qui sont à côté, le Soleil n'est masqué par la Lune que partiellement : on dit que l'éclipse est **partielle.**

La Lune se déplace à plus de 3 000 kilomètres/heure. Aussi, la phase pendant laquelle le Soleil est complètement masqué par le disque lunaire ne dure-t-elle jamais plus de 8 minutes.

Il y a chaque année dans le monde 2 à 5 éclipses de Soleil. En général, une seule est totale.

Enfin, d'après la connaissance parfaite des orbites de la Lune et de notre planète, les astronomes peuvent prédire les dates des éclipses. Ainsi, la dernière éclipse totale

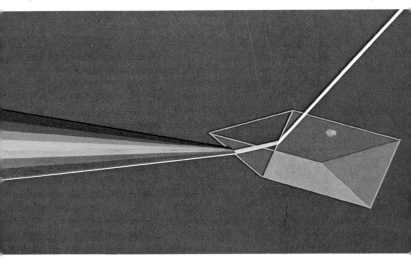

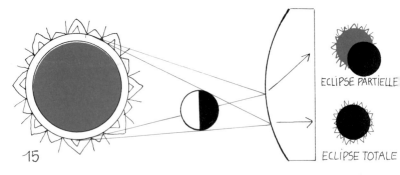

ÉCLIPSE PARTIELLE

ÉCLIPSE TOTALE

15

visible à Paris eut lieu le 17 avril 1912, la prochaine aura lieu le 11 août 1999.

Les éclipses de Lune

L'ombre de la Terre s'étend dans l'espace loin derrière elle, jusqu'à un million et demi de kilomètres.

Comme la Lune n'est jamais à plus de 400 000 kilomètres de la Terre, il arrive que notre satellite rencontre cette ombre et la traverse ; il y a alors « éclipse de Lune ».

Si l'orbite lunaire était située dans le plan de l'écliptique, il se produirait une éclipse de Lune à chaque « pleine Lune ». Or l'orbite lunaire ne s'effectue pas dans ce plan. Aussi, à chaque « pleine Lune », notre satellite passe-t-il la plupart du temps un peu au-dessus ou un peu en dessous du cône d'ombre de la Terre.

Quand la Lune plonge entièrement dans l'ombre de la Terre, l'éclipse est **totale** (fig. 16).

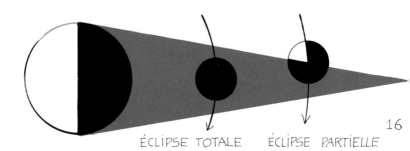

ÉCLIPSE TOTALE   ÉCLIPSE PARTIELLE

16

Si une partie seulement du disque lunaire traverse l'ombre de notre planète, l'éclipse est **partielle.**

Dans les deux cas, à la différence des éclipses de Soleil, tous les habitants de la moitié de la Terre sur laquelle il fait nuit peuvent voir l'éclipse de Lune.

Théoriquement, lorsqu'il y a éclipse totale, la Lune devrait cesser d'être visible puisqu'alors elle ne reçoit plus les rayons du Soleil. En fait, le globe lunaire bénéficie quand même d'une certaine lumière qui lui donne un aspect rougeâtre caractéristique.

L'atmosphère terrestre est responsable de cet éclairage insolite. Les rayons solaires, qui traversent les couches atmosphériques de la Terre, s'incurvent et, pénétrant ainsi dans l'ombre de notre planète, viennent éclairer le disque lunaire (fig. 17). D'autre part, la lumière blanche émise par le Soleil se décompose en traversant l'atmosphère terrestre, les couleurs bleu et violet sont absorbées, et seuls les rayons rouges atteignent notre satellite.

Les marées

Nous avons vu page 11 ce qu'était l'« effet de marée » qui s'exerce entre deux astres proches l'un de l'autre.

La masse d'eau que constituent les mers et les océans terrestres subit l'attraction lunaire.

Comme il s'agit d'une masse déformable, elle se gonfle quand la Lune passe au-dessus d'elle (fig. 18, page 40).

La mer se gonfle également de l'autre côté de la Terre pour la raison suivante :

La Lune attire très fortement les masses océaniques les plus proches d'elle. Le volume d'eau constituant ce bourrelet (mh 1) est emprunté aux masses océaniques restantes (mb). Les océans situés sur l'autre face de la Terre sont plus éloignés de la Lune (d'une distance égale au diamètre terrestre), et donc, subissant moins l'attraction lunaire, demeurent en arrière,

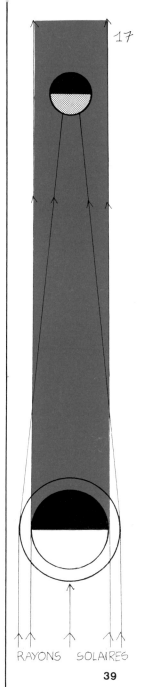

17

RAYONS   SOLAIRES

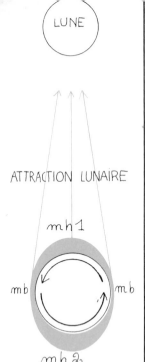

ATTRACTION LUNAIRE

18 : LES MARÉES

créant ainsi un second bourrelet océanique (mh 2).

Ces deux bourrelets (mh 1 et mh 2) restent toujours orientés de la même manière par rapport à la Lune, malgré la rotation du globe (aux points mb, la mer est basse, aux points mh la mer est haute).

Aussi, pour un même rivage, au cours des 24 heures que dure la rotation de la Terre, y aura-t-il deux marées hautes et deux marées basses (ces marées correspondant au passage de ce rivage aux 2 points mh et aux 2 points mb) (1).

La gravité solaire agit aussi sur les masses océaniques, mais à un degré moindre que la Lune, le Soleil étant plus loin.

A la « nouvelle Lune » et à la « pleine Lune », nous avons vu que le Soleil, la Terre et la Lune étaient alignés. Dans ce cas, l'effet de la gravité solaire s'ajoute à celui de la Lune. Les bourrelets océaniques gonflent davantage et la mer monte plus haut qu'à l'ordinaire : c'est la « grande marée » (fig. 19).

Au contraire, quand la Lune est en quadrature (premier quartier) les deux forces gravitationnelles se contrarient, la mer monte moins haut : c'est la marée de « morte-eau » (fig. 20, page 42).

(1) Pour plus de détails concernant le phénomène des marées voir LE PETIT GUIDE DES RIVAGES dans la même collection.

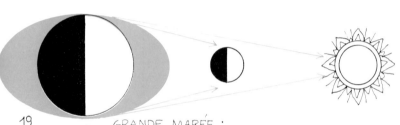

19
GRANDE MARÉE :
LA GRAVITÉ SOLAIRE S'AJOUTE À LA GRAVITÉ LUNAIRE.

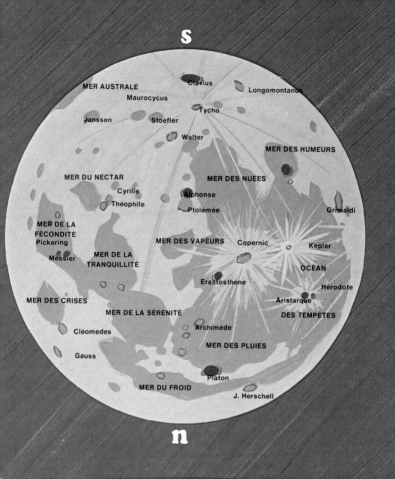

CARTE
SIMPLIFIÉE
DE LA
LUNE

La vision télescopique renversant les images,
sur cette carte le Nord est en bas et le Sud en haut.
— Le nom des cratères est indiqué en minuscules.
— Les cratères colorés en rouge sont les lieux possibles
d'une activité lunaire

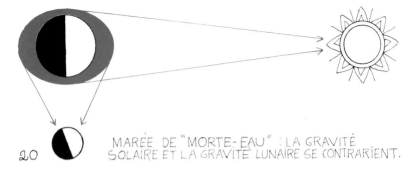

MARÉE DE "MORTE-EAU" : LA GRAVITÉ
SOLAIRE ET LA GRAVITÉ LUNAIRE SE CONTRARIENT.

Autres marées

Les **marées terrestres** sont des mouvements de l'écorce terrestre qui, comme tout ce qui existe à la surface de notre planète, subit l'attraction lunaire.

Chaque fois qu'une marée océanique de 3 mètres a lieu, les continents se soulèvent de 15 centimètres et le matelas atmosphérique qui enveloppe notre planète enfle en direction de la Lune et du Soleil, dans une proportion qui se chiffre en kilomètres.

LA NÉBULEUSE DU CRABE.

Ce vaste nuage de gaz est ce qui reste d'une super-nova, dont l'explosion fut visible dans les cieux en 1504.

LE SYSTÈME SOLAIRE

Voir planche couleurs page 49.

Avant de découvrir en détail les planètes du système solaire, examinons dans quelles conditions nous les apercevons depuis notre observatoire terrestre.

Dans l'ensemble, les planètes ont leur orbite située approximativement dans le plan de l'écliptique. Aussi, nous apparaissent-elles toujours dans la même région du ciel ou zodiaque. L'axe de la Terre étant incliné de 23° sur l'écliptique, le zodiaque semble également incliné par rapport à l'équateur céleste (sauf aux équinoxes où ils coïncident).

Toutes les planètes se déplacent sur leur orbite en sens inverse des aiguilles d'une montre.

Mercure et Vénus ont leur orbite située à l'intérieur de celle de la Terre et sont dites « planètes intérieures », alors que les autres planètes, dont les orbites sont situées à l'extérieur de celle de notre planète, sont dites « planètes extérieures ».

La vitesse d'une planète sur son orbite décroît en fonction de son éloignement du Soleil. Ainsi la vitesse orbitale de Mercure (la planète la plus proche du Soleil) est la plus élevée, alors que celle de Pluton (la planète la plus lointaine du Soleil) est la plus lente.

Le temps mis par une planète pour accomplir sa révolution complète autour du Soleil est exprimé en « jours » sous le nom de vitesse sidérale.

Enfin, les planètes intérieures, en raison de leur situation par rapport à la Terre, semblent pour l'observateur ne jamais s'écarter

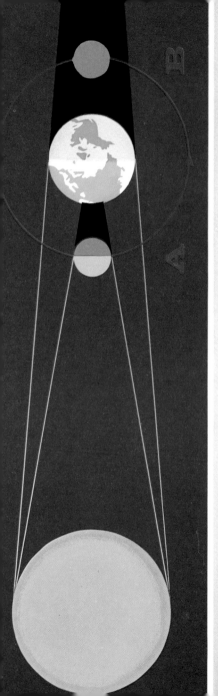

A. ECLIPSE DE SOLEIL

Orbite de la Terre

Rayons du Soleil

N N — LIGNE DES NOEUDS

B. ECLIPSE DE LUNE

Orbite de la Terre

Rayons du Soleil

N N — LIGNE DES NOEUDS

du voisinage du Soleil, et elles nous apparaissent sous différentes phases, comme la Lune (fig. 1).

MERCURE

Inclinaison sur l'écliptique : 7°

Révolution sidérale : 88 jours.

Diamètre équatorial : 4 900 km.

Aphélie : 70 millions de km
Périhélie : 46 millions de km.
Nombre de satellites : 0.

Durée de rotation : 59 jours

Vitesse orbitale : 173 000 km/heure.

Mercure, de toutes les planètes, est la plus petite et la plus proche du Soleil.

Avant que le satellite artificiel Mariner 10 ne survole Mercure, les astronomes pensaient qu'en raison de sa faible gravité et de la température énorme qui y règne cette planète ne possédait pas d'atmosphère, les éventuelles molécules de gaz devant, par leur agitation, dépasser la vitesse d'évasion de l'astre.

En fait, Mercure possède une atmosphère, et en voici la raison :

Certaines planètes possèdent ce qu'on appelle un « champ magnétique », c'est-à-dire se comportent comme un immense aimant. Sur notre planète, lorsque l'aiguille d'une boussole indique le Nord, elle est attirée par le champ magnétique terrestre qui s'exerce à partir du pôle Nord. Or Mercure possède également un champ magnétique, qui n'est sans doute que le centième de celui de la Terre. Son intensité est cependant suffisante pour « emprisonner » les molécules d'hélium que le Soleil, très proche, envoie sur la surface de Mercure.

Cette atmosphère n'a donc rien à voir avec celle de la Terre. Beaucoup plus ténue, mais parcourue de vents violents, elle est néanmoins suffisante pour soulever de fins nuages de poussières.

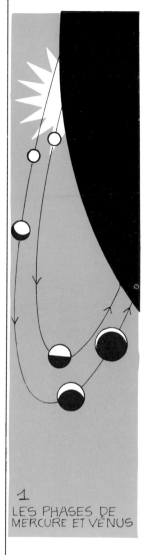

1
LES PHASES DE
MERCURE ET VÉNUS

Par contre, l'atmosphère mercurienne n'arrête pas les météores. Ces derniers arrivent intacts à sa surface, et provoquent des cratères d'impact qui la fait ressembler à celle de la Lune.

Enfin, les températures extrêmes qui règnent sur Mercure (500 à 1 000° selon les radio-astronomes) font de cet astre une planète très inhospitalière et il est probable qu'aucune vie n'y existe (1).

VÉNUS

Inclinaison sur l'écliptique : 3° 24'.

Révolution sidérale : 228 jours.

Diamètre équatorial : 12 400 km.

Aphélie : quasiment identiques, soit
Périhélie : 108 millions de km.

Nombre de satellites : 0.

Durée de rotation : 243 jours.

Vitesse orbitale : 1 26 000 km/heure.

Vénus a souvent été décrite comme une planète jumelle de la Terre. Mais, en fait, le seul point commun avec notre planète est sa taille.

Vénus possède une atmosphère considérable (2), cette dernière exerçant au sol une pression 90 fois plus forte que celle qui règne sur Terre.

L'atmosphère emprisonne la chaleur rayonnée par le Soleil, et cet « effet de serre » explique la température élevée qui règne sur la planète (475 °C).

La lente rotation de Vénus sur elle-même fait que chaque région reste très longtemps

(1) Par contre, sur la face de Mercure non exposée aux rayons du Soleil la température descend à – 180 °C.

(2) Cette atmosphère est très réfléchissante, et donne à Vénus un éclat si vif que, de la Terre, elle apparaît comme une étoile très brillante, l'« Etoile du Berger » (albédo de 0,75 contre 0,07 pour celui de la Lune).

exposée au Soleil. La circulation des masses d'air ainsi surchauffées, de la face éclairée vers les régions situées dans l'ombre, détermine des vents d'une extrême violence. Ces mouvements atmosphériques donnent naissance à des nuages dont certains seraient constitués d'acide sulfurique. Les nuages, de 350 km/heure à l'équateur, atteindraient aux pôles la vitesse du son.

Dans de telles conditions, l'observation du sol de Vénus est rendue impossible, la surface de la planète étant cachée par son épais manteau de nuages.

Enfin l'atmosphère ne comprenant ni vapeur d'eau ni oxygène, il est probable que la vie ne s'est pas développée sur Vénus.

MARS

Voir photo en couleurs page 53.

Inclinaison sur l'écliptique : 1 ° 51'.

Révolution sidérale : 1 an 321 jours.

Diamètre équatorial : 6 700 km.

Aphélie : 248 millions de km.

Périhélie : 206 millions de km.

Nombre de satellites : 2.

Durée de rotation : 24 heures 37 minutes.

Vitesse orbitale : 86 000 km/heure.

Mars est l'un des astres le plus intéressant du système solaire.

Relativement proche de notre planète par ses conditions physiques, certains savants pensent que Mars pourrait abriter une forme de vie.

L'atmosphère martienne comprend des nuages qui gênent parfois l'observation. Ces nuages sont constitués soit de petits cristaux de glace, soit de poussières (nuages jaunes de Mars), soulevés par des vents atteignant 130 mètres par seconde.

La masse de Mars ne représente que le dixième de celle de la Terre et, dans ces conditions, la vitesse d'évasion est relativement faible (4,8 km/s). Le globe martien n'a pu ainsi retenir qu'une atmosphère très raréfiée. Cette dernière exerce au sol une pression dix fois moindre que celle qui existe sur Terre, et contient essentiellement de l'azote et du gaz carbonique, peu d'oxygène et peu de vapeur d'eau.

Se trouvant plus loin du Soleil que la Terre, Mars est plus froid aussi. La température ne s'élève qu'à 20 °C dans les régions les plus chaudes et descend de – 60 à – 100° la nuit ou en hiver.

Il y a des saisons sur Mars, à cause de l'inclinaison de l'axe de la planète sur l'écliptique.

Enfin, en raison de sa ténuité, l'atmosphère n'arrête pas les météorites, et la surface de Mars est criblée de cratères d'impacts.

Mars possède deux satellites de petites tailles : Phobos et Déimos (voir figure 2). Leur aspect « pomme de terre » (et non sphérique comme la plupart des autres astres) vient du fait que leur faible masse développe une force de gravitation insuffisante pour que cette dernière ait pu modeler la roche en sphère. A moins qu'il ne s'agisse d'astéroïdes « captés » par l'attraction martienne, ou de morceaux de la planète Mars arrachés de son sol à la suite de l'impact d'une météorite géante.

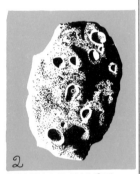

2

DESSIN DE PHOBOS EXÉCUTÉ D'APRÈS UNE PHOTO PRISE PAR LE SATELLITE "MARINER 9"

Ci-contre : **DIMENSIONS RELATIVES DES PLANÈTES DU SYSTÈME SOLAIRE.**

De l'énorme Soleil, seuls le bord et quelques protubérances sont visibles.

LES ASTÉROÏDES

Entre l'orbite de Mars et celle de Jupiter s'étend un espace large de 550 millions de kilomètres.

Cette ceinture est occupée par une multitude de petits astres ou « astéroïdes », et porte pour cette raison le nom de « ceinture d'astéroïdes ».

Quelques astronomes pensent qu'il y a très longtemps une planète existait à cet endroit. Finalement, elle explosa ; ses morceaux éparpillés restèrent en orbite autour du Soleil, donnant ainsi naissance à la ceinture d'astéroïdes.

Les astéroïdes ont des formes variées : cer-

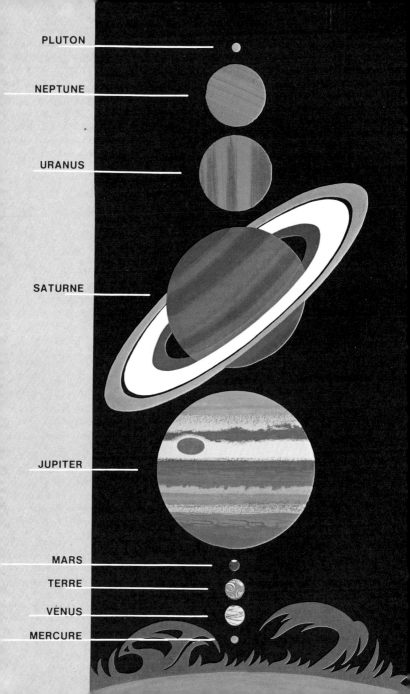

PLUTON

NEPTUNE

URANUS

SATURNE

JUPITER

MARS

TERRE

VÉNUS

MERCURE

tains sont arrondis comme de minuscules planètes, mais le plus souvent il s'agit de masses rocheuses ressemblant aux satellites de Mars (1).

La masse totale des astéroïdes n'atteint pas le vingtième de la masse de la Lune. Aussi quelques savants pensent-ils qu'il ne s'agit en rien de morceaux d'une ancienne planète mais, au contraire, de parcelles de matières n'ayant jamais pu se rassembler pour former un astre.

La plupart des astéroïdes voyagent entre les orbites de Mars et Jupiter. Cependant certains ont des orbites particulières. L'un d'eux, baptisé du nom d'Icare, décrit une orbite qui l'emmène à 290 millions de kilomètres du Soleil, alors que son aphélie le fait passer entre l'orbite de Mercure et le Soleil, à 30 millions de kilomètres de ce dernier.

En outre, les orbites des astéroïdes forment des angles très variés avec le plan de l'écliptique.

Puisque certains astéroïdes se rapprochent du Soleil davantage que la Terre, leur orbite les amène plus ou moins près de notre planète.

Eros, rocher de 25 km sur 5, passa à 27 millions de kilomètres de la Terre en 1931, son dernier passage a eu lieu en 1975, à moins de 22 millions de kilomètres.

Hermès, rocher de quelque 1 200 mètres lors des circonstances les plus favorables, passe entre la Terre et la Lune.

LES PLANÈTES TROYENNES

On appelle ainsi 14 astéroïdes qui tournent sur la même orbite que celle de Jupiter, et qui suivent ou précèdent cette dernière (fig. 3).

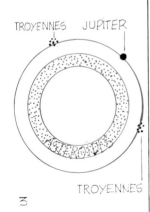

TROYENNES   JUPITER

ASTÉROIDES

3

TROYENNES

---

(1) La plupart des astéroïdes sont invisibles même dans les très grands télescopes.

JUPITER

Voir photo sur la couverture.

Inclinaison sur l'écliptique : 1° 18'.

Révolution sidérale : 11 ans et 314 jours.

Diamètre équatorial : 143 000 km.

Aphélie : 803 millions de km.
Périhélie : 738 millions de km.

Nombre de satellites : 12.

Durée de rotation : 10 heures.

Vitesse orbitale : 47 000 km/heure.

Son volume, environ 1 300 fois supérieur à celui de la Terre, en fait la planète la plus grosse du système solaire.

Sa période de rotation très rapide a pour conséquence qu'un point de l'équateur jovien se déplace à 34 500 kilomètres/heure (alors que sur l'équateur terrestre un même point n'atteint que 1 600 kilomètres/heure). Cette rotation extrêmement vive pour une planète de cette taille engendre des forces centrifuges considérables. Il en résulte une déformation qui fait que Jupiter est aplati aux pôles et gonflé à l'équateur (la difference entre les deux diamètres, équatorial et polaire, étant de 8 900 km).

La surface de Jupiter doit être fluide. Elle serait essentiellement constituée d'hydrogène à l'état liquide (là où la température est de l'ordre de – 140°), et à l'état solide à l'intérieur de la planète (vers 1 000 à 1 500 km de profondeur). Jupiter comprendrait aussi de l'hélium, passant à l'état solide au fur et à mesure que l'on s'enfonce à l'intérieur de la planète. Au centre de cette dernière, où règnent des pressions de l'ordre de 100 millions d'atmosphères (1) un noyau solide doit exister.

L'atmosphère de Jupiter est épaisse ; elle est faite de nuages de gaz ammoniac qui cachent la surface de la planète. Cette

(1) Soit 100 000 000 de kilos par centimètre cube.

atmosphère comprend 95 % d'hélium et ne contient pas d'oxygène gazeux.

Les nuages sont le siège d'ouragans, plus violents que les pires cyclones terrestres. Ainsi le « grand courant équatorial » tourbillonne-t-il autour de la planète à la vitesse de 410 km/heure.

Ces vents doivent contribuer à répartir la chaleur uniformément, puisque la face éclairée de Jupiter est à la même température que la face restant dans l'ombre.

Les découvertes récentes faites par le satellite Mariner 10 confirment que Jupiter rayonne deux fois et demie plus de chaleur qu'il n'en reçoit du Soleil. Ce qui en ferait une planète très chaude par elle-même, et sous-entendrait la présence d'un noyau incandescent atteignant 30 000 °C.

SATURNE

Voir photo en couleurs page 57.

Inclinaison sur l'écliptique : 2° 29'.

Révolution sidérale : 29 ans 166 jours.

Diamètre équatorial : 120 000 km.

Aphélie : 1 510 millions de km.
Périhélie : 1 350 millions de km.

Nombre de satellites : 10

Durée de rotation : 10 heures 14 minutes.

Vitesse autour du Soleil : 35 000 km/heure

Saturne est une planète environ 800 fois plus grosse que la Terre, et qui présente de nombreuses ressemblances avec Jupiter.

Malgré sa taille, sa masse n'est que 95 fois supérieure à celle de la Terre. C'est l'astre le plus léger du système solaire (1).

La rotation de Saturne ressemble plus à celle d'une masse gazeuse qu'à celle d'un corps solide, et les bandes colorées visibles quand on regarde la planète sont des nuages parallèles à l'équateur. Ces nuages

Ci-contre : **Sur cette photographie de MARS, on distingue le Pôle Nord de la planète, en haut de l'image, ainsi que des formations nuageuses qui voilent la surface de l'astre.**

(1) Saturne flotterait sur l'eau, sa densité étant inférieure à 1.

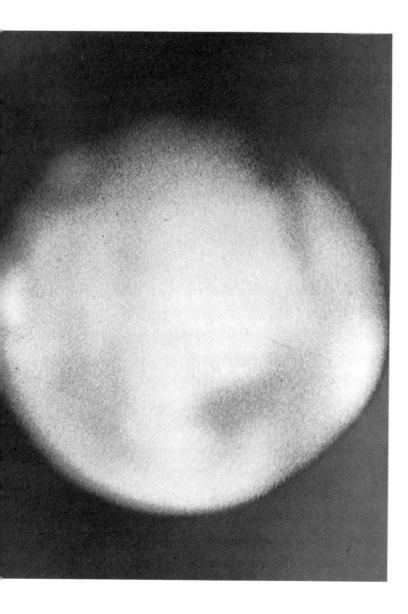

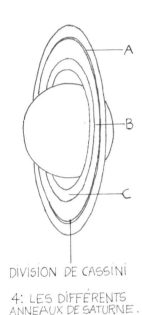

DIVISION DE CASSINI

4: LES DIFFÉRENTS
ANNEAUX DE SATURNE.

forment une atmosphère comparable à celle de Jupiter (hydrogène, hélium, ammoniac et méthane).

Saturne est également remarquable par le magnifique anneau qui l'entoure, très large mais peu épais (environ 20 km). Cette formation est composée de myriades de minuscules satellites (de 10 cm à 10 mètres), qui seraient des glaçons ou bien des grains de sable recouverts de glace.

L'anneau est situé dans le plan équatorial de la planète.

Comme son axe est incliné sur le plan de son orbite, Saturne montre la face Sud de l'anneau en un point de son orbite, alors que la face Nord est visible une demi-orbite plus loin. Il existe également un point intermédiaire où l'anneau, vu par la tranche apparaît comme un trait très mince.

L'anneau est divisé en trois parties de différents diamètres (fig. 4).

Enfin, Saturne est accompagné de 10 satellites. Ces astres, par l'attraction qu'ils exercent sur les fragments de matière des anneaux, sont la cause des divisions qui séparent ces derniers.

Certains astronomes pensent même qu'en fait les anneaux sont les débris d'un ancien satellite désintégré (1).

URANUS

Voir dessin en couleurs page

Inclinaison sur l'écliptique : 0° 46'.

Révolution sidérale : 84 ans 7 jours.

Diamètre équatorial : 51 000 km.

Aphélie : 3 008 millions de km.
Périhélie : 2 742 millions de km.

Nombre de satellites : 5.

(1) Si la Lune se désintégrait, ses débris resteraient en orbite autour de la Terre, sous forme d'anneaux ressemblant à ceux de Saturne.

Durée de rotation : 10 heures 49 minutes.

Vitesse autour du Soleil : 25 000 km/heure.

Avec Uranus on pénètre dans la zone crépusculaire du système solaire.

La distance qui sépare cette planète du Soleil est double de celle de Saturne. Rendu dérisoire par cet éloignement, le disque apparent du Soleil n'éclaire que très faiblement le globe d'Uranus.

Cette planète présente une curieuse particularité : alors que les autres planètes effectuent leur rotation autour d'un axe peu incliné sur le plan de leur orbite, l'axe d'Uranus forme un angle de 98°. Cette forte inclinaison fait que la planète présente alternativement au Soleil l'équateur et les pôles. Autrement dit, aux équinoxes le Soleil est au zénith à l'équateur, mais aux solstices ce sont les régions polaires qui reçoivent perpendiculairement les rayons solaires.

En outre, cette rotation peut être considérée comme rétrograde, c'est-à-dire s'effectuant d'Est en Ouest.

Uranus tourne sur elle-même très rapidement, et le globe planétaire subit lui aussi un aplatissement (le diamètre polaire mesure 2 500 km de moins que le diamètre équatorial). Cette déformation indiquerait que la structure d'Uranus est similaire à celle de Jupiter et de Saturne.

Enfin, Uranus posséderait un noyau solide d'environ 22 500 km, une couche de gaz gelés de 10 000 km et une atmosphère de 5 000 km d'épaisseur.

Les satellites d'Uranus ont des diamètres compris entre 200 et 1 700 km, et leur distance par rapport à la planète varie de 133 000 à 586 600 km.

NEPTUNE

Inclinaison sur l'écliptique : 1° 46'.

Révolution sidérale : 164 ans 280 jours.

Diamètre équatorial : 45 000 km.

Aphélie : 4 550 millions de km.
Périhélie : 3 970 millions de km.

Nombre de satellites : 2.

Durée de rotation : 14 heures.

Vitesse autour du Soleil : 19 000 km/heure.

Pour des astronautes arrivant dans les parages de Neptune, le Soleil apparaîtrait mille fois moins brillant que vu de la Terre, et son diamètre apparent, 30 fois plus petit, serait à peine perceptible.

De dimensions comparables à celles d'Uranus, Neptune a cependant une masse plus forte : 17 fois celle de la Terre contre 15 pour Uranus.

Malgré sa rotation très rapide le globe de Neptune n'est pas aussi aplati que celui de Jupiter, de Saturne et d'Uranus, car sa densité est plus grande.

Pour la même raison Neptune contient moins d'hydrogène que ses sœurs, et son atmosphère doit être essentiellement constituée par du méthane plus quelques traces d'ammoniac.

La température sur Neptune est plus basse que sur Uranus, et doit descendre jusqu'à −230 °C.

Certains astronomes pensent que Neptune possède un noyau rocheux de 19 000 km de diamètre, une couche de glace de 9 000 km et une atmosphère dont l'épaisseur atteindrait 3 000 km.

Nous ne connaissons actuellement à Neptune que deux satellites :

Triton, dont le diamètre de 5 000 km en fait l'un des plus grands satellites du système solaire. Triton décrit une orbite quasi circulaire autour de Neptune, qui s'effectue dans le sens rétrograde.

Néréide, qui se caractérise par son orbite, la plus allongée parmi celle des satellites du système solaire.

PLUTON

Inclinaison sur l'écliptique : 17° 8'.

Révolution sidérale : 248 ans 42 jours.

Diamètre équatorial : 5 900 km.

Aphélie : 7 milliards 400 millions de km.

Périhélie : 4 milliards 500 millions de km.

Nombre de satellites : 2.

Durée de rotation : 6 jours 9 heures.

Vitesse autour du Soleil : 16 000 km/heure.

Un peu plus grande que Mercure, la planète Pluton est une petite sphère si lointaine que, dans une lunette, son disque apparaît 500 fois plus pâle que celui de Neptune.

A la surface de Pluton les températures descendent si bas (– 200 °C) que la plupart des gaz doivent être liquéfiés.

Du fait de l'excentricité de son orbite, Pluton

Sur cette photographie, SATURNE présente des bandes nuageuses comparables à celles de Jupiter. Trois anneaux de glace ou de grains de sable tournent autour de la planète (l'un d'eux, le plus proche de l'astre, est trop mince pour qu'on le distingue ici).

5
DIFFÉRENTES ORBITES
SUIVIES PAR LES
COMÈTES :
E , ELLIPTIQUES
P , PARABOLIQUES
H , HYPERBOLIQUES .

S , SOLEIL

est parfois plus proche du Soleil que Neptune. Aussi, comme le précise D. Bergamini (1), certains astronomes considèrent-ils Pluton comme un ancien satellite de Neptune, échappé à sa tutelle aux premiers temps du système solaire. On admet, en théorie, qu'après son apparition le Soleil attira de grandes quantités de gaz de l'atmosphère naissante de Neptune ; la masse (et donc la gravité) de la planète diminuant permit ainsi à Pluton de sortir du champ d'attraction de son parent. Depuis, Pluton est devenu une planète indépendante, bien qu'il subsiste une chance pour que sa capture par Neptune se reproduise un jour.

Enfin, Pluton, dont la densité semble être de l'ordre de celle de la Terre, rompt la succession des planètes gigantesques et fluides précédentes (Jupiter, Saturne, Uranus et Neptune).

EXISTE-T-IL D'AUTRES PLANÈTES AU-DELÀ DE PLUTON ?

Certains savants le pensent, bien que l'observation n'ait, en fait, rien révélé de semblable.

Cependant, le Soleil exerçant son champ gravitationnel à une distance 1 000 fois plus lointaine que l'orbite de Pluton, on peut imaginer une planète orbitant dans les ténèbres permanentes.

LES COMÈTES

Au-delà de l'orbite de Pluton s'étend le domaine des comètes.

Au sein de ces espaces glacés, à plus de 16 trillions de kilomètres du Soleil, il existerait un nuage de comètes entourant, tel un

(1) LA TERRE par David Bergamini (Editions Time Life, 1970).

immense et mince anneau, les planètes les plus lointaines.

La plupart des astronomes pensent que 100 milliards de noyaux cométaires gravitent dans ces zones froides et obscures. Ces astres aux formes variées mesurent de 100 à 1 500 km de diamètre, et tant qu'ils restent dans le nuage ils ne ressemblent pas du tout à des comètes.

N'émettant aucune lumière, ces noyaux sont **essentiellement constitués de glace et d'eau mélangées à des gaz solidifiés tels le méthane, le gaz carbonique et l'ammoniac.**

Poreux et de densité très faible (1/10 de celle de l'eau), leur surface est recouverte de structures très légères, comme des flocons de neige ; mais à l'intérieur la glace mélangée à des grains de poussières donne à ces flocons l'apparence de la neige sale et tassée.

C'est à la suite de longues observations que les astronomes ont pu découvrir les caractéristiques des comètes, et ils ne savent toujours pas où ni comment elles ont été formées.

La majorité des comètes gravitent éternellement au sein du grand nuage, et quelques-unes sont même captées par l'attraction d'étoiles voisines, échappant ainsi définitivement au système solaire.

D'autres, au contraire, pour des raisons que l'on ignore, se tournent vers le Soleil et, attirées par son attraction, plongent vers lui en suivant des orbites elliptiques très allongées (fig. 5). Ce sont les « comètes périodiques », c'est-à-dire des comètes passant plusieurs fois à proximité du Soleil.

Il existe également des comètes qui, suivant des orbites non fermées (voir fig. 5), ne passent qu'une fois près du Soleil, puis disparaissent à tout jamais dans les profondeurs de l'espace. Ce sont les « comètes non-périodiques ».

Certaines comètes périodiques ont des orbites si étendues qu'il leur faut un siècle, voire des milliers d'années, pour les parcourir entièrement. Telle la comète Kohoutek apparue en 1973 et dont le prochain passage aura lieu dans 75 000 ans. Par

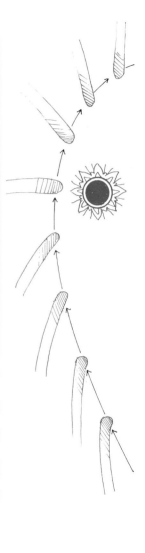

6 : LES QUEUES DES COMÈTES SONT TOUJOURS DIRIGÉES À L'OPPOSÉ DU SOLEIL

7
LA GRAVITÉ D'UNE
PLANÈTE (P)
DÉTOURNE UNE COMÈTE
DE SON ORBITE INITIALE.
(EN POINTILLÉ).

contre, la comète Halley, apparue en 1910 reparaîtra en 1986, soit 76 ans après son premier passage.

Un grand nombre de comètes, cependant accomplissent leur révolution en 10, 20 ou 40 ans. Ce sont ces dernières que les astronomes connaissent le mieux.

LA VIE D'UNE COMÈTE

Au début, la comète, proche de son aphélie va très lentement, l'attraction du Soleil étant alors très faible.

Puis, petit à petit, la vitesse de l'astre augmente et, lorsque son orbite croise celle des planètes les plus lointaines, la comète commence à ressentir les effets du vent solaire (1).

Ce dernier, échauffant la surface de l'astre provoque l'évaporation des constituants les plus volatils. Transformés en gaz, ils forment alors un nuage qui suit le noyau cométaire sur son orbite.

Ce nuage ou « tête de la comète », s'étend de plus en plus et, lorsque l'astre coupe l'orbite de Jupiter, l'ensemble est suffisamment éclairé par le Soleil pour devenir visible dans une lunette.

Lorsque la comète est encore plus proche de l'astre du jour, le nuage forme une traînée ou « queue de la comète », qui peut s'étendre sur 100 millions de kilomètres, pendant que la tête de la comète continue de s'étendre.

Dépassant parfois 150 000 km de diamètre, l'ensemble (tête et queue) brille alors d'un éclat plus vif que tout autre objet céleste (Soleil et Lune exceptés). La comète devient alors visible à l'œil nu.

Sa vitesse n'ayant cessé d'augmenter, la comète, en arrivant au périhélie, peut atteindre plus d'un million de kilomètre/heure.

Elle contourne alors le Soleil puis, la queue dirigée à l'opposé de ce dernier (fig. 6, page 59), s'élance dans l'espace et regagne les ténèbres d'où elle est issue.

(1) Vent solaire : flot de minuscules particules de matières, émis par le Soleil et se répandant dans l'espace.

Ceci concerne la vie des comètes ayant des orbites très allongées et qui, ainsi, gravitent la majeure partie de leur révolution en dehors de l'influence des radiations solaires.

Cependant certaines comètes, passant à proximité d'une grosse planète (Jupiter, par exemple), sont détournées de leur orbite initiale par la gravitation de l'astre et, faisant demi-tour, replongent vers le Soleil (fig. 7). Ces comètes se trouvent alors placées sur des orbites très peu allongées. En consé-

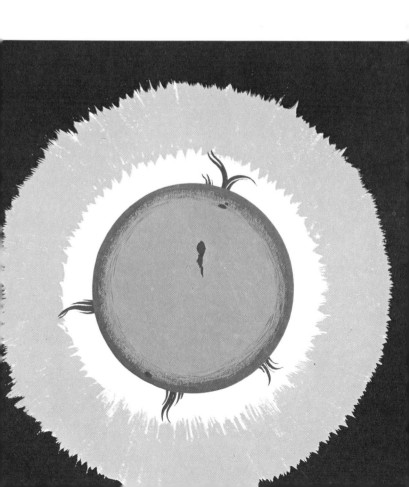

quence, elles reviennent plus fréquemment près du Soleil, perdant chaque fois un peu de leur substance.

Quand toute la couche de glace qui entoure le noyau a été « évaporée » par le vent solaire, la comète se désintègre en un nuage de débris très petits, qui s'éparpillent en suivant l'orbite initiale.

Chaque année la Terre traverse plusieurs de ces « squelettes » de comète, véritables traînées de météores, dont chacun brille pendant un instant dans l'atmosphère, devenant des « étoiles filantes ». Composées d'éléments très petits et très fragiles, qui se désintègrent en pénétrant dans les couches d'air, ces traînées de météores ne présentent aucun risque pour notre planète (fig. 8).

LES MÉTÉORES

Chaque seconde des milliers de minuscules morceaux de pierre ou de fer (rarement plus gros qu'une tête d'épingle) tombent sur la Terre. Ces météores augmentent ainsi le poids de notre planète de 1 000 tonnes par jour (1), et sont visibles comme « étoiles filantes ».

Les météores appartiennent à deux catégories :

les uns semblent provenir de toutes les directions du ciel : ce sont des météores sporadiques ;

les autres, groupés en essaims, apparaissent sous forme de « pluie d'étoiles filantes ».

Les essaims de météores proviennent de minuscules particules qui voyagent en groupes (tels les restes de comètes) et pénètrent dans l'atmosphère terrestre en même temps. Par un effet de perspective, tous ces météores semblent provenir d'un même point qu'on appelle « radiant ».

Les astronomes estiment que chaque année au moins 2 000 météores suffisamment gros

(1) Ce qui est du reste insignifiant par rapport au poids total du globe.

pour être visibles arrivent au sol.

Par contre la chute d'une météorite géante sur la surface terrestre est un événement très rare. Il en tombe au maximum une en plusieurs milliers d'années (1). Lorsqu'une météorite, en frappant le sol, y creuse un cratère, ce dernier est rapidement effacé par l'érosion due aux différents facteurs atmosphériques, tels la pluie et le vent.

LE SOLEIL

Le Soleil est une étoile, plus proche de la Terre que toute autre. Sa lumière ne met que 8 minutes pour couvrir la distance qui le sépare de notre planète, alors que la lumière émise par l'étoile la plus proche met 4 ans à nous parvenir.

Comparé aux autres étoiles qui existent dans l'univers, le Soleil est un astre de taille moyenne.

Cependant, par rapport à notre planète, le Soleil est énorme. Son globe étincelant pourrait contenir plus d'un million de Terre. En conséquence, la masse du Soleil développe une gravité très puissante, environ 28 fois celle de notre planète.

Le Soleil contient la plupart des corps chimiques que l'on trouve sur terre :

● Carbone, oxygène, azote.

● Quelques métaux comme le fer, le cuivre, l'argent et l'or.

● Et surtout l'hydrogène et l'hélium, qui constituent la presque totalité de la masse du Soleil.

La température à la surface du Soleil est d'environ 6 000 °C.

Plus on s'enfonce à l'intérieur de l'astre, plus la température augmente, pour finalement atteindre en son centre 15 millions de degrés.

---

(1) Il y a quelque 25 000 ans, une météorite de grande taille s'écrasa dans le désert de l'Arizona. Malgré les intempéries, le cratère, de 1 200 mètres de diamètre et de 180 mètres de profondeur, est encore visible de nos jours.

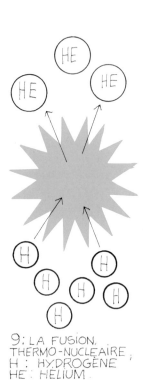

9: LA FUSION,
THERMO-NUCLÉAIRE ;
H : HYDROGÈNE ;
HE : HÉLIUM.

Ci-contre : **LE SOLEIL, photographié par les caméras de Skylab. On distingue une immense protubérance de 600 000 km de haut.**

Tous les corps cités plus haut sont à l'état de gaz car aucune forme liquide ou solide ne peut exister au sein de telles températures. Cet ensemble de gaz exerce au centre du Soleil une pression de 150 milliards d'atmosphères, c'est-à-dire 150 milliards de kilos par cm2.

Le Soleil ne brûle pas ! Aucun feu ne peut atteindre la température qui règne sur le Soleil.

Cette chaleur fantastique provient des réactions « thermonucléaires » (de Thermos, chaud et Nucleo, noyau).

Qu'est-ce qu'une réaction thermonucléaire ?

La majeure partie du Soleil est constituée d'hydrogène (2/3) et d'hélium (1/3).

L'hydrogène, comme tout corps chimique, est fait de minuscules particules, ou noyaux, appelées « atomes ».

La gravité, au centre du Soleil, étant énorme, les atomes d'hydrogène sont resserrés les uns près des autres. Mais, en même temps, ils sont lancés dans toutes les directions à de très grandes vitesses.

Chaque seconde, des milliards d'atomes d'hydrogène entrent en collision et, s'écrasant les uns contre les autres, se transforment alors en atomes d'hélium. On dit qu'il y a « fusion de l'hydrogène en hélium » (fig. 9).

Cette fusion est accompagnée d'une intense production d'ondes de chaleur et d'ondes lumineuses qui bondissent du centre du Soleil vers sa surface, pour finalement se répandre dans l'espace, en toutes directions.

Ce rayonnement entraîne avec lui d'autres radiations, tels les rayons X et les rayons ultraviolets.

Chaque jour le Soleil transforme en hélium 260 milliards de tonnes d'hydrogène. Malgré ce colossal débit, le globe solaire contient assez d'hydrogène pour entretenir les réactions thermonucléaires pendant 100 milliards d'années.

La plus grande partie du rayonnement solaire se dissipe dans l'espace. La Terre n'en reçoit que les 2 milliardièmes.

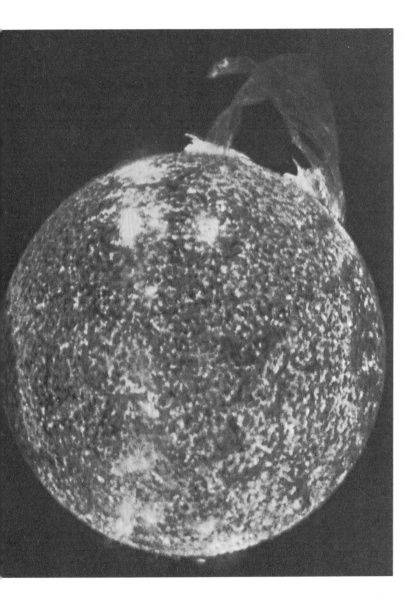

10 : LES PARTICULES
ELECTRIQUES VENANT
DU SOLEIL, SONT
ATTIRÉES PAR LES PÔLES
MAGNÉTIQUES TERRESTRES.
PN : PÔLE NORD
PS : PÔLE SUD

L'observation du Soleil

Il ne faut jamais tenter de fixer le disque solaire à l'œil nu, et encore moins de le regarder dans des jumelles ou une lunette.

Les astronomes étudient le Soleil sur des photographies prises par des télescopes spéciaux munis de filtres destinés à en atténuer l'éclat.

LA SURFACE DU SOLEIL

La surface solaire, observée à travers certains filtres, apparaît couverte de granulations ou « grains de riz ».

Cette couche lumineuse appelée « photosphère » (du grec *Photos*, lumière) est la source du rayonnement lumineux et calorifique qui parvient sur Terre (voir planche couleurs page 61). Les grains de riz sont des petites zones claires ou « facules », dont l'éclat dépend directement de leur température (1). Chaque facule, bien que paraissant très petite, a une taille néanmoins supérieure à celle d'un pays comme la France.

Les zones plus froides forment sur la surface de la photosphère des taches sombres ou « taches solaires ».

Lorsque l'éclat éblouissant de la photosphère est masqué naturellement lors d'une éclipse (ou artificiellement dans un coronographe), on peut distinguer autour du disque sombre ainsi produit une couche claire ou « chromosphère », elle-même entourée d'une auréole blanche et irrégulière appelée « couronne ».

Enfin, les flammes rosées provenant de la surface solaire et s'élevant dans la couronne sont appelées « protubérances ».

L'ACTIVITÉ SOLAIRE

Les protubérances et les taches font partie de l'activité solaire. Cette activité peut avoir des retentissements jusque sur notre planète.

Les taches solaires projettent vers la Terre

(1) Car plus une substance est chaude, plus elle émet de lumière.

de petites particules électrisées qui viennent quelquefois brouiller nos émissions radio. Ces « orages solaires » comme on les appelle, sont également responsables des aurores polaires (boréales pour le pôle Nord, australes pour le pôle Sud).

Pourquoi, les aurores ne se produisent-elles qu'au-dessus des régions voisines des pôles ?

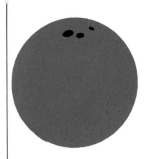

Il faut savoir que la Terre se comporte vis-à-vis des particules électrisées comme un énorme aimant en forme de sphère. Les pôles magnétiques étant situés au voisinage des pôles géographiques, c'est vers ces points que les particules émises par le Soleil se dirigent (comme se dirige vers le pôle l'aiguille de la boussole). (fig. 10).

Ce courant électrique vient frapper les molécules gazeuses qui forment l'atmosphère terrestre, et les illumine de la même manière qu'un courant électrique illumine le gaz néon contenu dans les tubes au néon.

LA ROTATION DU SOLEIL

En observant les taches solaires, les astronomes ont constaté qu'elles se déplacent d'Est en Ouest sur le disque, la preuve évidente que le Soleil tourne sur lui-même (fig. 11).

Mais les taches voisines des pôles font un tour complet en 35 jours, alors que celles qui longent l'équateur ne mettent que 25 jours. Cette seconde constatation indique que le Soleil n'est pas un corps solide (sinon les taches effectueraient leur rotation en même temps).

L'avenir du Soleil

Les astronomes prévoient la manière dont le Soleil évoluera en étudiant des étoiles de même nature mais plus vieilles que lui.

A l'intérieur d'une étoile de masse voisine de celle du Soleil, les réactions thermonucléaires se déroulent telles que nous venons de le voir : transformation d'hydrogène en hélium accompagnée d'un dégagement de chaleur et de lumière.

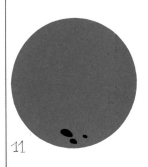

11

Lorsque 15 % de l'hydrogène contenu dans l'étoile a été converti en hélium, la « cendre d'hélium » restant dans l'astre s'allume à son tour, créant ainsi une seconde réaction thermonucléaire. A ce moment-là l'étoile, augmentant de volume, passe du jaune clair au rouge vif.

Dans 5 ou 6 milliards d'années, le Soleil sera le siège de telles transformations : son volume augmentera tellement qu'il « englobera » l'orbite de Mercure.

D'après A. Beiser (1), l'énergie fantastique que le Soleil dégagera alors portera la température de la Terre à 500 °C. L'étain, le plomb et le zinc fondront à la surface de notre planète, et les océans seront convertis en nuages de vapeur.

Un milliard d'années plus tard, l'ardeur du Soleil commencera à diminuer (l'hydrogène s'épuisant petit à petit), et l'astre entrera dans sa phase de rétrécissement.

Il faut comprendre que le volume constant qu'occupe dans l'espace le Soleil (et les étoiles en général) n'est possible que grâce à un équilibre constant entre la force de gravitation qui tend à comprimer tout corps céleste sous le plus petit volume, et une résistance thermique exercée en sens contraire par la chaleur que dégagent les réactions thermonucléaires (voir dessin en couleurs page 69), cette chaleur tendant, au contraire, à donner à l'astre le volume maximum.

Les dimensions actuelles du Soleil sont dues à cet équilibre gravitation-chaleur.

Lorsque l'hydrogène alimentant les réactions thermonucléaires commence à manquer, la chaleur diminue, la force de gravitation l'emportant alors, et l'astre se contracte.

Ainsi, 15 milliards d'années après le début de sa phase de contraction, le Soleil, réduit à un astre de taille modeste, brillera de plus en plus faiblement.

(1) L'UNIVERS par Arthur Beiser (Editions Time Life, 1971).

Puis, arrivé au terme de son existence, le Soleil, dont le diamètre sera ramené à celui d'un astre de la taille de Jupiter, cessera définitivement de briller. Le « squelette solaire », devenu une sorte de planète froide, continuera néanmoins d'entraîner autour de lui ce qui restera alors du système solaire (car, bien que différent de sa nature initiale, le Soleil conservera sensiblement sa masse, continuant donc de rete-

L'ÉQUILIBRE GRA-VITATION-CHA-LEUR.

La résistance thermique (flèches rouges) s'oppose à la force de gravitation (flèches bleues).

Comment s'est formé
le système solaire ?

Les géologues ont calculé l'âge de la Terre en datant les roches les plus anciennes trouvées à sa surface.

Cet âge (4,6 milliards d'années) est non seulement celui de certaines roches lunaires mais on le retrouve aussi chez les météorites.

Tous ces astres appartenant au système solaire, il est logique de penser que ce dernier, dans son ensemble, soit également vieux de 4,6 milliards d'années.

L'astronomie nous apprend que les étoiles se forment au sein d'immenses nuages d'hydrogène et de poussières, tels qu'il en existe en de nombreuses régions de l'espace, nuages appelés « nébuleuses ».

ASPECT DU CIEL UN PEU AVANT L'ÉQUINOXE DE PRINTEMPS

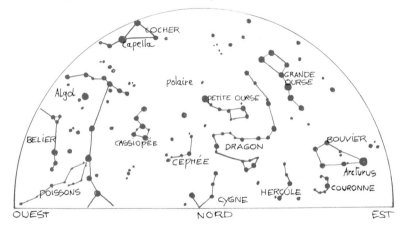

LES PRINCIPALES CONSTELLATIONS SONT INDIQUÉES EN MAJUSCULES

A l'origine existait donc un énorme nuage d'hydrogène et de poussières.

Sous l'action des forces de gravitation, ce nuage petit à petit a pris la forme d'un immense disque gazeux tournant sur lui-même.

Au centre de ce disque, la gravitation créa une énorme sphère d'hydrogène au sein de laquelle des réactions thermonucléaires s'amorcèrent. Ainsi naquit l'étoile du nom de Soleil.

Pendant ce temps, le nuage primitif se divisait progressivement en vastes tourbillons qui continuaient à tourner autour du Soleil.

Puis, au sein de chaque tourbillon, les grains de poussières commencèrent à se rapprocher, pour finalement se « coller » les uns aux autres en formant des boules de matière de plus en plus grosses.

Ces boules devinrent énormes et acquirent une masse telle qu'elles commencèrent à posséder une gravité suffisante pour attirer

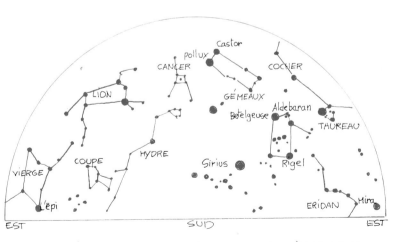

ET LES ETOILES LES PLUS BRILLANTES EN MINUSCULES.

LES ÉTAPES DE LA FORMATION DU SYSTÈME SOLAIRE.

des quantités toujours plus grandes de poussières.

Finalement, au bout de quelques milliers d'années, la presque totalité de la matière disséminée dans la nébuleuse se trouva tassée en plusieurs blocs solides (les planètes) dont la rotation ne fait que prolonger le mouvement du tourbillon primitif (voir croquis couleurs page 72).

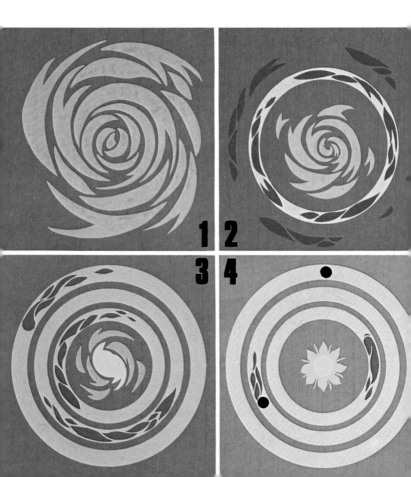

LES **ÉTOILES**

Ainsi que le Soleil, chaque étoile est une sphère de gaz brillante parce que très chaude.

Dans le ciel nocturne, on distingue, même à l'œil nu, des étoiles de couleurs différentes : blanches, bleues, jaunes ou rouges. Ces différences de teintes sont liées aux différences de température qui peuvent exister d'une étoile à l'autre.

Ainsi la surface des étoiles blanc-bleuté (qui sont les plus chaudes) atteint 30 000 °C, celle des étoiles jaunes descend à 6 000 °C, celle des étoiles rouges à 3 000 °C.

A quelle distance se trouvent les étoiles ?

Lorsqu'on regarde une étoile à l'œil nu ou dans une lunette, rien n'indique à quelle distance elle se trouve. Pour la connaître, les astronomes utilisent deux méthodes de mesure distinctes :

1. Si l'étoile est relativement proche, ils procèdent à une élémentaire opération géométrique que nous allons découvrir.

2. Si l'étoile est à une distance supérieure à 300 années-lumière, les astronomes ont recours à la photométrie.

. Dans le premier cas, il s'agit de la mesure de la distance d'une étoile par celle de sa « parallaxe ». Sous ce terme se cache, en fait, une méthode géométrique très simple.

On peut, sur Terre, mesurer la distance qui nous sépare d'un objet éloigné sans avoir à

se déplacer jusqu'à lui. Il suffit de viser cet objet de 2 points éloignés l'un de l'autre ; la distance séparant ces deux points représente une ligne de base qui devient le côté d'un triangle. Les deux autres côtés du triangle sont les deux droites imaginaires qui joignent chaque extrémité de la ligne de base à l'objet en question. En mesurant les angles formés aux deux extrémités de la base, et connaissant la longueur de la base, on calculera géométriquement la longueur des deux côtés du triangle (soit la distance qui nous sépare de l'objet). Cette méthode de mesure sera d'autant plus précise que la ligne de base sera grande (fig. 12).

Pour mesurer la distance d'une étoile, on procède de la même manière mais en utilisant le diamètre de l'orbite terrestre (300 millions de kilomètres) comme ligne de base. On vise l'étoile à un certain moment de l'année ; six mois plus tard, on vise l'étoile à nouveau. Ces deux lignes de visée forment des angles avec la ligne de base. Connaissant la valeur de ces angles et la ligne de base, on calculera facilement la longueur des côtés du triangle ainsi formé, soit la distance qui nous sépare de l'étoile (fig. 13).

2. Dans le second cas, comme il faudrait utiliser une ligne de base beaucoup plus longue que le diamètre de l'orbite terrestre, il est plus simple de recourir aux méthodes photométriques (voir page 17).

LES DIFFÉRENTES SORTES D'ÉTOILES

Les étoiles naissent à partir de la condensation d'un nuage de gaz. Si ce nuage contient beaucoup de gaz, l'étoile qui naîtra en son sein contiendra beaucoup de gaz et sera d'autant plus grosse.

Il faut donc bien distinguer les étoiles « normales », c'est-à-dire celles dont la vie passe par des stades identiques à ceux du

12

Soleil, des étoiles « anormales », qui se distinguent au départ par une masse plus forte ou plus faible que celle du Soleil.

Les étoiles anormales

LES GÉANTES ROUGES

Elles sont anormales parce qu'elles donnent beaucoup plus de lumière que n'en donnent les étoiles normales parvenues au stade d'étoiles rouges.

Chaque géante rouge possède une masse supérieure à celle du Soleil, et brille d'un éclat 100 fois plus vif.

LES SUPER-GÉANTES

Ces étoiles aux couleurs variées sont encore plus brillantes et plus grosses que les géantes rouges. Elles ont un éclat égal à 10 000 fois celui du Soleil.

LES NAINES BLANCHES

Il s'agit de petites étoiles brillant d'un pâle éclat. Pour la plupart blanches ou jaunes, elles sont souvent réduites aux dimensions d'une planète.

Évolution des étoiles géantes

Pendant la première partie de sa vie, l'étoile géante brûle son hydrogène (qui se transforme en hélium) puis, selon un processus identique à celui du Soleil, l'astre commence sa contraction.

A ce moment, l'évolution de l'étoile géante (étoile anormale) se distingue de celle (probable) du Soleil (étoile normale). Alors que la vie de ce dernier s'arrêtera avec sa contraction, chez l'étoile géante le poids de gaz qui pèse vers le centre et la température y atteignent des niveaux tels que de nouvelles réactions thermonucléaires prennent naissance.

Tout l'hydrogène ayant été transformé en hélium, la fusion du carbone en oxygène, élevant à 60 millions de degrés la température de l'astre, entre en jeu, créant ainsi un

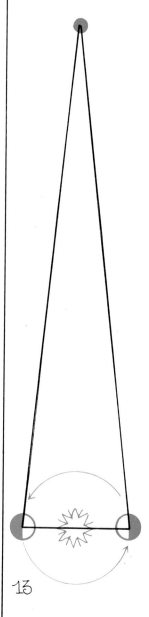

13

14

LE PATINEUR, BRAS ET JAMBES ÉTENDUS, OCCUPE UN GRAND VOLUME : IL TOURNE LENTEMENT.

EN REPLIANT SES MEMBRES VERS SON CORPS, IL OCCUPE UN PLUS PETIT VOLUME : IL TOURNE PLUS VITE.

L'ÉTOILE TOURNE À UNE CERTAINE VITESSE...

EN SE RETRÉCISSANT, SA VITESSE DE ROTATION IRA EN S'ACCÉLÉRANT.

nouvel équilibre entre la force de gravitation et la force de répulsion.

Puis, lorsque la totalité du carbone contenu dans l'étoile est transformé en oxygène, l'astre géant entre dans une nouvelle phase de contraction, accompagnée, de nouveau, d'une élévation de température, le tout faisant alors fusionner en magnésium l'oxygène formé précédemment.

Et ainsi de suite, jusqu'à ce que l'étoile atteigne une température de plusieurs milliards de degrés et une densité fantastique.

Lorsque la fusion produit du fer, les réactions thermonucléaires cessent (l'atome de fer ne pouvant fusionner). Les forces de répulsion disparaissent donc, et l'étoile s'effondre définitivement. En une seconde, cet astre (au départ des milliers de fois plus gros que le Soleil) se résorbe en une boule de 15 kilomètres de diamètre, au centre de laquelle règne une densité jamais atteinte auparavant (un centimètre cube de matière emprunté à un astre de ce type pèserait sur Terre un milliard de tonnes).

Devenu une sorte de planète, très solide et incroyablement tassée sur elle-même (1), cet astre, qui n'est plus constitué que d'infimes particules (les « neutrons »), a reçu le nom d'« étoile à neutrons ».

LES NOVAE

Lorsque l'étoile géante dont nous venons de parler s'effondre sur elle-même, elle émet une gerbe de lumière éblouissante (dont la durée peut varier de quelques minutes à quelques jours), formant ainsi ce qu'on appelle une « nova ».

Une nova dégage alors autant d'énergie que le Soleil en a produit en plusieurs millions d'années, et brille d'un éclat des millions de fois supérieur.

LES PULSARS

Au cours de sa contraction, la rotation de

---

(1) La Terre, ainsi comprimée, ne mesurerait plus que 200 mètres de diamètre.

l'étoile s'accélère (fig. 14) et, arrivée au stade d'étoile à neutrons, elle commence à émettre des rayons X.

Cette rotation, extrêmement rapide, fait que l'émission des rayons X, telle la lumière d'un phare, nous parvient par pulsations. Aussi appelle-t-on quelquefois ces astres des « pulsars » (de l'anglais Pulsating Star).

Les astronomes connaissent environ 100 pulsars, répartis dans l'univers. Un des plus connus est le pulsar de la nébuleuse du Crabe, « squelette » d'une nova qui explosa l'an 1054, date connue car, à l'époque, des astronomes chinois notèrent le phénomène (voir photo page 42).

15 : UNE ÉTOILE DOUBLE.

LES TROUS NOIRS

Une étoile dont la masse atteint 50 fois celle du Soleil ne demeure pas au stade d'étoile à neutrons, mais poursuit sa contraction.

L'objet acquiert une telle gravité que sa vitesse d'évasion est voisine de celle de la lumière. Autrement dit, pour échapper à l'attraction d'un tel astre il faudrait atteindre la vitesse de 300 000 km/seconde !

Dans de telles conditions, la lumière émise ne peut plus s'échapper dans l'espace et, restant autour de l'astre, forme une atmosphère étrange et immatérielle.

Pour les astronomes, il ne demeure alors à cet endroit qu'un « trou noir ».

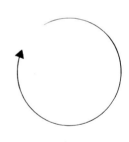

ÉTOILES DOUBLES ET ÉTOILES VARIABLES

Les étoiles peuvent être isolées dans l'espace (comme le Soleil), ou groupées en système double, triple ou quadruple. On distingue comme types d'étoiles :

1. Les **étoiles doubles** : c'est-à-dire un système de 2 étoiles, l'une tournant autour de l'autre (fig. 15).

2. Les **variables à éclipses** : il s'agit aussi d'étoiles doubles mais dont l'une, éclipsant l'autre, produit une variation de l'éclat de l'ensemble (fig. 16).

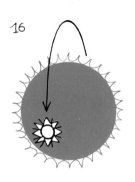

3. Les **variables à pulsations** : ce sont des étoiles qui, en se dilatant périodiquement, présentent des variations d'éclat.

4. Les **novae** et les **super-novae** (voir page 74).

LES AMAS D'ÉTOILES

Dans la plupart des cas les étoiles (ou groupes d'étoiles) sont séparées de distances atteignant 10 années-lumière.

Il existe cependant des régions du ciel où elles sont plus rapprochées, formant des agglomérations appelées « amas globulaires ».

Au sein de ces amas, les étoiles sont éloignées les unes des autres d'une année-lumière seulement, et leur nombre s'élève à plus de 50 000. Le ciel nocturne qu'aurait une planète gravitant autour d'une de ces étoiles serait si lumineux qu'on pourrait facilement lire un livre à sa seule lumière.

On connait une centaine d'amas globulaires, tous très gros et très éloignés du Soleil.

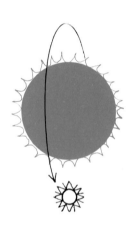

Il existe également des groupements d'étoiles un peu moins rapprochées les unes des autres (4 années-lumière) formant d'autres types d'agglomérations appelées « amas ouverts ».

Au sein de chacun des 300 amas ouverts que connaissent les astronomes actuellement gravitent de 20 à 1 000 étoiles.

Enfin, le diamètre moyen de tels amas atteint 20 années-lumière.

LES NÉBULEUSES

Les nébuleuses sont des nuages de gaz de dimensions considérables (1).

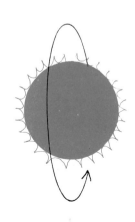

---

(1) La célèbre nébuleuse d'Orion mesure 30 années-lumière en sa partie la plus large. Nous en apercevons les étoiles principales dans la constellation du même nom.

Dans certaines nébuleuses, rendues lumineuses par la lumière d'étoiles voisines, des « points noirs » ou « globules » apparaissent. Les astronomes pensent qu'au sein de chaque point noir des masses de gaz se condensent, et qu'une étoile est en train de naître.

Les nébuleuses, ces « brouillards cosmiques », peuvent, lorsqu'elles sont trop épaisses, voiler toute la lumière qui existe par-derrière, leurs bords se détachant alors nettement sur les régions plus lumineuses du ciel. On les appelle des « nébuleuses obscures » ou « sacs de charbon ».

L'une des plus célèbres est la « Tête de Cheval » située dans la grande nébuleuse claire d'Orion.

LA GALAXIE DE LA TERRE

Nous avons vu, au début de cet ouvrage, ce qu'il fallait entendre par « galaxie ».

Celle de la Terre s'étend sur environ 100 000 années-lumière, et le Soleil est situé sur l'un des bras spiralés, à 27 000 années-lumière du centre (fig. 17).

La galaxie est accompagnée de deux nuages d'étoiles ou « Nuages de Magellan ». Ces deux formations sont en fait de petites galaxies, détachées de la galaxie principale et qui tournent autour d'elle à 150 000 années-lumière.

Notre galaxie tourne sur elle-même, entraînant avec elle étoiles, planètes, nébuleuses, amas, etc. Sa rotation s'effectue, selon les lois de la gravitation, autour de son contre.

Suivant le mouvement de l'ensemble, le Soleil effectue ainsi un tour complet en 250 millions d'années ou « année cosmique ».

Les astronomes attribuent à l'ensemble de la galaxie un âge voisin de 15 milliards

✗

17
LA GALAXIE DE LA TERRE VUE DU DESSUS : LA CROIX INDIQUE L'EMPLACEMENT DU SOLEIL.

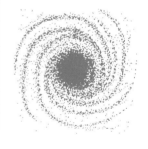

79

d'années. Le Soleil, quant à lui, s'est formé en bordure d'un des bras spiralés, il y a environ 5 milliards d'années.

LES AUTRES GALAXIES

Pendant longtemps on a cru que toutes les étoiles et les nébuleuses faisaient partie d'un système unique (la galaxie), et qu'au-delà de cet immense disque il n'y avait rien.

En fait, l'astronomie moderne nous apprend qu'il existe dans l'univers autant de galaxies qu'il y a d'étoiles dans la Voie Lactée, soit 100 milliards.

Certaines galaxies sont très petites, d'autres très grandes, mais en moyenne chacune contient plus d'un milliard d'étoiles et probablement un plus grand nombre encore de planètes.

Et, au fur et à mesure que progresse l'astronomie, on découvre de plus en plus de

ASPECT DU CIEL UN PEU AVANT LE SOLSTICE D'ÉTÉ.

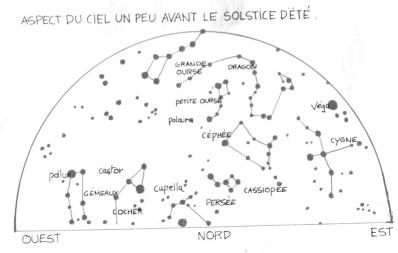

LES PRINCIPALES CONSTELLATIONS SONT INDIQUÉES EN MAJUSCULES

galaxies (1) et de plus en plus loin.

Si l'on ramenait à 1 millième de millimètre la distance de la Terre au Soleil, la galaxie d'Andromède (la plus proche de la nôtre) serait à 130 kilomètres et la plus éloignée à 760 000 kilomètres.

Les mouvements des galaxies

Rien n'est immobile dans l'espace.

La Terre tourne autour du Soleil, celui-ci tourne avec l'ensemble de la galaxie, et cette dernière tourbillonne dans l'univers.

Perdu au milieu d'un tel carrousel, l'astronome considère que la vitesse d'un astre ne peut se définir que par rapport à un autre astre.

Aussi lorsqu'il cherche à déterminer la

---

(1) On a découvert récemment par les radio-télescopes que certaines galaxies émettaient des ondes radio.

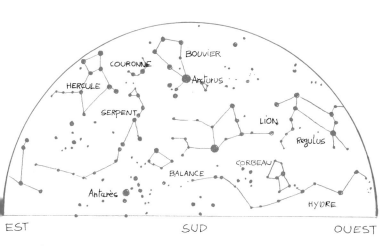

EST   SUD   OUEST

ET LES ÉTOILES LES PLUS BRILLANTES EN MINUSCULES

bile le point d'où il observe cette galaxie (ce point étant, en général, la Terre, ou la galaxie de la Terre prise dans son ensemble comme un point). L'astronome dit alors : « Telle galaxie s'éloigne, ou se rapproche de nous, à la vitesse de... ».

LES QUASARS

Il existe dans l'univers une classe d'astres qui ne s'apparentent ni au monde des étoiles ni à celui des galaxies.

Infiniment plus brillants que ces dernières, ils sont aussi infiniment plus petits.

Comme ces astres émettent des ondes radio, on les appelle « radio-sources quasi stellaires » ou « quasars ».

Un quasar émet une énergie 10 à 1 000 fois plus intense que celle émise par une galaxie normale. Cette énergie équivaut à celle de l'explosion d'un million de Soleil !

Les astronomes pensent que ces astres seraient des noyaux de radio galaxies.

ASPECT DU CIEL UN PEU AVANT L'ÉQUINOXE D'AUTOMNE

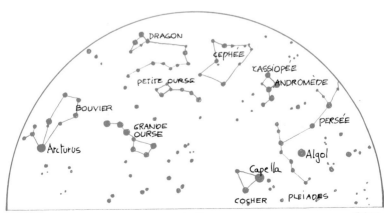

OUEST   NORD   EST

LES PRINCIPALES CONSTELLATIONS SONT INDIQUÉES EN MAJUSCU

••• découvrons
en direct
UNIVERS

Quand on connaît l'existence de tous les corps célestes, planètes, étoiles, galaxies, on éprouve tout naturellement le désir de les voir.

Entre le lever et le coucher du Soleil, celui-ci « éteint » par son rayonnement lumineux tous les astres, mais ils sont là, invisibles, dans le bleu du ciel.

Certains observateurs se flattent d'apercevoir en plein jour les plus brillants d'entre eux, mais il n'est guère utile de s'y essayer.

Parfois, la Lune est encore discernable, mais elle apparaît pâle et sans relief.

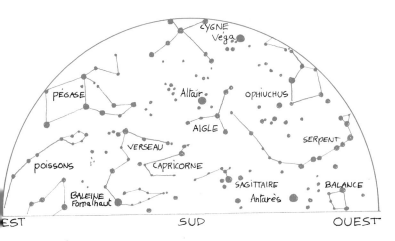

ET LES ÉTOILES LES PLUS BRILLANTES EN MINUSCULES :

L'observation du Soleil est intéressante, mais elle exige des précautions sur lesquelles nous reviendrons.

L'OBSERVATION À L'ŒIL NU DU CIEL NOCTURNE

Les astres s'« allument » dans le ciel dès que le Soleil a disparu sous l'horizon et que sa lumière décroît.

La belle planète Vénus, que l'on appelle à tort l'« Etoile du Berger », peut apparaître dans les lueurs du Soleil couchant ou dans celles de l'aube.

Au fur et à mesure que l'obscurité se fait, les étoiles les plus brillantes se révèlent. Certaines sont visibles alors que le ciel est encore bleu sombre.

Puis il fait tout à fait nuit et le ciel fourmille alors de points lumineux. Combien y en a-t-il ? Des millions dit-on couramment. Et bien non, 2 500 astres environ sont visibles à l'œil nu sous nos latitudes à un moment donné.

Les nuages viennent trop souvent dissimuler le spectacle.

Il existe encore un obstacle pour examiner le ciel : c'est celui de l'éclairage public qui dans les villes, est de plus en plus intense et gêne l'observateur. Les maisons très hautes, les arbres, sont aussi un écran.

C'est donc en rase campagne, dans les champs ou sur une plage, que se trouvent réalisées de bonnes conditions d'observation.

Regarder le ciel tout scintillant d'étoiles es déjà une source de plaisir. Mais tout espri un peu curieux éprouvera le besoin de retrouver parmi ce fourmillement lumineu: les objets célestes dont il a été question précédemment (de même qu'au somme d'une montagne on désire identifier le: rivières et les villes qu'on aperçoit à se pieds).

Ici, les villes sont au-dessus de notre tête. Ce sont les constellations, c'est-à-dire des groupes d'étoiles caractéristiques par leur disposition, et auxquels des noms ont été donnés depuis la plus haute antiquité : la Grande Ourse, Orion, le Cygne, Cassiopée, le Lion, etc.

Disons tout de suite que les constellations n'évoquent guère la silhouette de l'animal ou du personnage dont elles portent le nom. Ne cherchez pas une ressemblance ; elle n'existait que dans l'imagination des astronomes arabes ou chaldéens qui les ont baptisées.

Munissons-nous donc d'une carte du ciel (1), d'une lampe électrique que nous envelopperons dans un mouchoir rouge (2) pour éviter l'éblouissement provoqué dans l'obscurité par une lumière trop vive, et d'une boussole.

LES CONSTELLATIONS VISIBLES TOUTE L'ANNÉE

Toutes les indications qui suivent sont valables pour l'hémisphère Nord, celui dans lequel se trouvent l'Europe, l'Asie et l'Amérique du Nord.

Tout le monde (ou presque) connaît la **Grande Ourse.** On la trouve vers 21 heures, en direction du Nord-Ouest. Voici son dessin (fig. 1) réduit aux astres principaux.

On voit qu'elle ressemble plus à une casserole, et on l'appelle aussi Grand Chariot. Notons, au passage, que les étoiles sont désignées par des lettres grecques (3).

Si l'on prolonge (vers le haut de la casserole) la ligne qui joint les deux dernières roues du chariot de 5 fois la distance qui les sépare, on trouve une étoile d'un éclat

1
LA GRANDE OURSE.

---

(1) Voir les cartes saisonnières du ciel pages 70-71, 80-81, 82-83 et 88-89.
(2) La lumière rouge ne diminue pas l'acuité visuelle nocturne.
(3) Voir page 14.

moyen, très importante par sa position, c'est l'**Etoile Polaire.** Elle indique la direction du Nord.

L'Etoile Polaire se trouve à l'extrémité d'une constellation qui reproduit, à échelle réduite, le dessin de la Grande Ourse : c'est la **Petite Ourse.**

A droite de la Polaire, on discerne dans le Nord-Est un grand W lumineux : c'est **Cassiopée.**

La Grande Ourse, la Petite Ourse et Cassiopée sont des constellations circumpolaires, c'est-à-dire qu'elles restent visibles toute l'année, alors que les autres ne peuvent être aperçues aux heures normales d'observation (c'est-à-dire au début de la nuit) qu'à une certaine période de l'année (fig. 2).

QUELQUES CONSTELLATIONS VISIBLES EN ÉTÉ (1)

Si vers 9 heures du soir, en été, nous regardons le ciel, nous verrons au zénith une belle étoile bleue : **Véga.**

Un peu plus à gauche, une croix lumineuse, c'est le **Cygne,** qui déploie ses ailes dans la Voie Lactée.

QUELQUES CONSTELLATIONS VISIBLES EN HIVER (2)

En hiver, à la même heure, on verrait se dessiner la splendide constellation d'**Orion,** la plus belle du ciel boréal, qui forme un grand trapèze scintillant, au milieu duquel brillent trois étoiles régulièrement alignées : **les Trois Rois.**

En prolongeant les côtés inférieurs du trapèze vers la gauche, on aboutit à **Sirius,** l'étoile la plus brillante du ciel, qui s'élève peu au-dessus de l'horizon.

LES AUTRES CONSTELLATIONS

Nous arrêtons là notre description. A partir de l'instant où nous avons identifié les

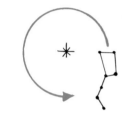

2: LA GRANDE OURSE SEMBLE TOURNER AUTOUR DE L'ETOILE POLAIRE.

---

(1) Voir cartes saisonnières du ciel pages 80 et 81.

(2) Voir cartes saisonnières pages 88 et 89.

constellations principales, nous procéderons de proche en proche pour découvrir les autres : **Pégase, Persée, le Sagittaire, le Bouvier, Andromède, l'Aigle, la Couronne Boréale** (qui n'est qu'une demi-couronne), **le Taureau** avec la grappe lumineuse des **Pléïades, le Scorpion** sont les plus intéressantes.

Autres astres
visibles à l'œil nu

Quand vous serez familiarisés avec la topographie du ciel, vous constaterez qu'une étoile insolite, n'ayant pas sa place dans le ciel, apparaît à vos yeux étonnés. Qu'est-ce que cet intrus ?

Si l'objet lumineux se déplace de façon très apparente, c'est un **satellite artificiel.** Vous suivrez sa course pendant quelques minutes, avant qu'il ne s'éteigne quand il aura échappé au rayonnement solaire.

Si l'intrus est immobile, c'est une **planète.** Immobile en apparence du moins car le lendemain vous ne la retrouverez plus tout à fait à la même place. Vous pouvez voir ainsi Mars, Jupiter et Saturne ; Vénus est visible au lever et au coucher du Soleil.

Les étoiles scintillent, les planètes ne scintillent pas ! C'est une façon élémentaire de les discerner. Mais, quand la nuit est très calme, sans agitation atmosphérique, les grosses étoiles peuvent ne pas scintiller (1).

Si vous observez souvent le ciel en direction de l'Est, vous aurez certainement l'occasion de voir des **étoiles filantes,** c'est-à-dire la trace lumineuse et fugace laissée dans l'atmosphère terrestre par le passage d'une météorite qui s'y consume. Au milieu du mois d'août, les chutes de météores sont nombreuses dans la région de Persée.

---

(1) Certaines revues scientifiques donnent, pour chaque mois, la position des planètes visibles par rapport aux constellations.

OBSERVONS LE CIEL AVEC DES JUMELLES

Une bonne paire de jumelles vous permettra de voir des étoiles invisibles à l'œil nu.

Vous examinerez ainsi le fourmillement d'astres dans la Voie Lactée, vous discernerez la tache laiteuse de la galaxie d'Andromède, monde immense et infiniment lointain que les astronomes arabes avaient déjà identifié au début de l'ère chrétienne sans en soupçonner la nature.

Vous apercevrez les montagnes et les cirques lunaires (1). Il faut observer notre satellite au moment des « quartiers », à la limite de l'ombre et de la lumière (ou terminateur). Le relief lunaire y est très visible par la lumière rasante.

---

(1) Voir carte de la Lune page 41.

ASPECT DU CIEL UN PEU AVANT LE SOLSTICE D'HIVER.

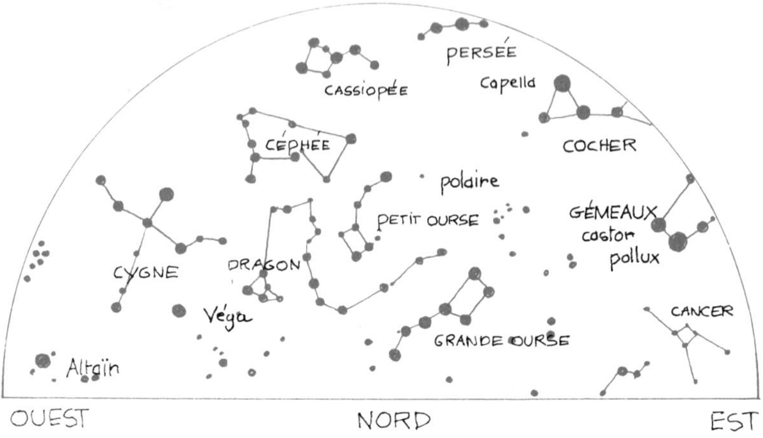

PERSÉE
CASSIOPÉE
Capella
CÉPHÉE
COCHER
poldire
PETIT OURSE
GÉMEAUX
castor
pollux
CYGNE
DRAGON
CANCER
Véga
GRANDE OURSE
Altaïn

OUEST · NORD · EST

LES PRINCIPALES CONSTELLATIONS SONT INDIQUÉES EN MAJUSCULES

Pour ces observations, ayez soin de vous asseoir et d'appuyer vos jumelles sur un bâton, le manche d'un outil ou l'encadrement d'une porte (fig. 3 page 90). La fixité de l'instrument est une condition indispensable à une bonne observation.

L'EMPLOI D'UNE LUNETTE ASTRONOMIQUE

Une lunette astronomique (1) comporte généralement deux ou trois oculaires interchangeables, permettant des grossissements différents.

---

1) S'achète chez les opticiens spécialisés. Un bon instrument muni d'un pied (indispensable) est déjà d'un prix assez élevé.

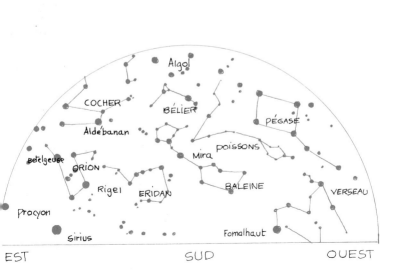

EST   SUD   OUEST

ET LES ÉTOILES LES PLUS BRILLANTES EN MINUSCULES.

UN SUPPORT DE JUMELLE

Répétons-le, un pied solide et stable est indispensable pour l'usage de la lunette. Ce support devra comporter aussi un dispositif de pointage de la lunette dans le sens vertical et horizontal.

Le repérage d'une étoile à l'œil nu est relativement facile parce que, couvrant l'ensemble de la voûte céleste, notre regard y trouve de nombreux repères (constellations).

Au contraire, une lunette n'agrandit qu'une région du ciel, d'autant plus petite que le grossissement est plus fort.

Le pointage sur l'objet céleste convoité est donc délicat, et il faudra utiliser tout d'abord le plus faible grossissement. Ensuite, l'expérience venue, on passera aux plus forts.

Une véritable lunette astronomique comporte d'ailleurs une petite lunette fixée sur la grosse : son faible grossissement permet un pointage plus facile.

Il est bon d'avoir procédé auparavant à la « mise au point » sur un objet très lumineux, le bord de la Lune par exemple. Mais attention ! la présence de la Lune dans le ciel par la lumière qu'elle diffuse, « éteint » partiellement les étoiles les moins brillantes. En période de « pleine Lune », il n'y a guère d'observation possible car seules les étoiles très brillantes sont visibles.

L'expérience aidant, nous avons résolu les problèmes de pointage : mais une autre difficulté nous attend. Quand nous avons « capturé » l'astre convoité, à peine avons-nous le temps de l'examiner qu'il s'éloigne du centre de la lunette et file vers le bord, où il disparaît. C'est la conséquence de la rotation terrestre. Les vis de réglage, adroitement utilisées, permettent cependant de suivre l'astre quelques minutes.

Une observation prolongée exige une « monture équatoriale ». Dans un dispositif de ce genre, la lunette tourne autour d'un axe parallèle à l'axe de rotation de la Terre suffit alors de déplacer l'instrument très légèrement pour suivre l'astre qu'on observe.

Ainsi équipés, nos moyens d'observation nous permettent d'aborder des sujets nouveaux.

LA LUNE

Naguère l'étude de notre satellite était surtout le fait des astronomes amateurs. Les lunettes et télescopes géants révélant une multitude d'astres très éloignés, les astronomes professionnels ne s'intéressaient guère à la Lune, trop proche.

Aujourd'hui les milliers de photos prises par les satellites artificiels ou ramenées par les astronautes ont rendu inutiles les recherches sur les détails de la surface lunaire.

Cependant, quand vous connaîtrez bien la topographie de notre satellite, vous pourrez entreprendre d'observer des phénomènes qui affectent parfois certains sites particuliers, tels que la formation de bandes sombres, la disparition ou l'agrandissement d'un relief de terrain et surtout, à l'intérieur de certains cirques (1), l'apparition de lueurs étranges.

L'intérêt de ces phénomènes est considérable, ils témoignent de l'activité volcanique lunaire.

Si vous découvrez quelque chose de ce genre sur notre satellite, n'hésitez pas à en informer une Société Astronomique (2).

LES PLANÈTES

Ces dernières sont rarement toutes visibles à la même heure et à la même époque de l'année.

Les Sociétés Astronomiques publient régulièrement des éphémérides (3) précisant

---

(1) Voir carte détaillée de la Lune page 41.

(2) Voir adresses page 94.

(3) Table astronomique donnant pour chaque jour de l'année la position des planètes sur la voûte céleste.

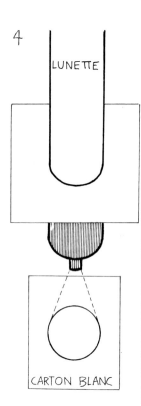

4

LUNETTE

CARTON BLANC

les conditions de visibilité des planètes de leurs satellites.

Mercure et **Vénus** : Ces astres, quand i sont visibles, se trouvent souvent plus d moins noyés dans l'éclat du Soleil. Et ce nous l'avons vu, de par leur situation orb tale vis-à-vis de notre planète.

Aussi, l'observation n'étant guère aisé l'astronome amateur se contentera e général d'en noter les phases.

Mars : En raison de la grande excentrici de son orbite, cette planète, au cours de s révolution, se trouve à une distance trè inégale de la Terre. Aussi son diamèt apparent peut-il varier considérablement

Généralement de petite taille, on peut néa moins y discerner les calottes polaire (lorsque c'est l'hiver), quelques tache sombres se déplaçant selon la rotation d l'astre et (lorsque les conditions sont bo nes) les nuages colorés qui en cachent pa fois la surface.

Jupiter : La géante du système solaire e aussi la planète la plus facile à observe Même une petite lunette suffit pour distir guer les bandes nuageuses qui font le tou de l'astre. Les satellites sont bien visible et l'on peut constater leur occultatio c'est-à-dire la disparition de l'un d'eux de rière le globe de Jupiter.

Saturne : Par son anneau, cas unique dan le système solaire, Saturne s'offre à nou comme un spectacle magnifique. Le glob de la planète présente également des bar des nuageuses, mais ces dernières so moins distinctes que celles de Jupiter.

LES AUTRES ASTRES

Les planètes plus lointaines (Uranus, Nep tune et Pluton) ne sont guère discernable dans une lunette d'amateur.

Par contre, l'amas d'étoiles d'Hercule, l galaxie d'Andromède, la grande nébuleus d'Orion et la Voie Lactée vous révéleror leur fourmillement incroyablement dense.

'OBSERVATION DU
OLEIL

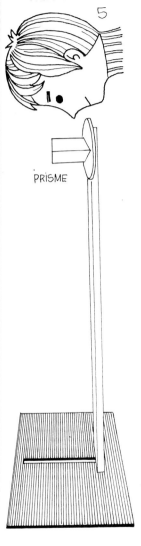

PRISME

ous avons laissé de côté jusqu'ici l'astre
ui joue dans notre vie un rôle si important,
Soleil, car son observation exige des pré-
utions particulières.

œil humain qui se placerait à l'oculaire
une lunette braquée sur le Soleil serait
ûlé en quelques secondes.

faut donc interposer sur le trajet des
yons lumineux un verre très foncé (tels
ux des lunettes utilisées par les alpinis-
s). Eventuellement, un morceau de verre
dinaire noirci à la fumée peut faire
ffaire.

n peut encore projeter l'image du Soleil,
nnée par la lunette, sur un carton blanc
acé à une distance qu'on déterminera par
tonnement (fig. 4). Il convient de masquer
carton de la lumière directe de l'astre en
açant autour de la lunette une autre
uille de carton percée au diamètre de
nstrument.

n pourra, dans ces conditions, observer
s taches qui apparaissent à la surface du
oleil et, éventuellement, les éclipses
nnoncées par la presse.

ans le chapitre de l'étude du Soleil, une
xpérience très intéressante est celle de
examen du spectre solaire.

le est facile à réaliser et ne conduit qu'à
chat d'un prisme de verre. On dirige sur
prisme le faisceau lumineux passant par
he fente étroite pratiquée dans une feuille
carton, et l'on aperçoit dans le prisme la
écomposition de la lumière solaire en ses
éments constitutifs : violet, bleu, vert,
une, orange, rouge (fig. 5).

ici donc des indications sommaires sur
s premiers « travaux pratiques » auxquels
us pouvez vous livrer si l'astronomie vous
téresse.

Ce premier domaine étant exploré, si vou
souhaitez aller plus loin nous vous consei
lons d'adhérer à une Association où vou
trouverez appuis et conseils.

QUELQUES
ADRESSES UTILES

EN BELGIQUE

**Société Belge d'Astronomie, de Météoro
logie et Physique du Globe,** Observatoi
Royal de Belgique, 3, avenue Circulair
1180 BRUXELLES. Publie la revue « Ciel
Terre ».

**Société Belge d'Étude des Phénomène
Spatiaux,** 26, boulevard Aristide-Brian
1030 BRUXELLES. Publie la revue « Inf
respace ».

**Institut d'Astro-Physique de l'Universi
de Liège,** 5, avenue de Cointe, 420
COINTE-OUGREE.

EN FRANCE

Association Française d'Astronomi
B.P. 133, 75020 PARIS.

Publie régulièrement la revue « Ciel
Espace » informant des dernières nouvelle
concernant les événements astronomique
et des éphémérides.

Société Astronomique de France, 28, ru
Saint-Dominique, 75007 PARIS.

**Association Française d'Astronomi
Educative,** Observatoire de SAINT-AUBIN
DE-COURTERAIE, 64400 MORTAGNE-A
PERCHE.

EN SUISSE

Société Astronomique de Suisse, Vorde
gasse 57.8200 SCHALFFHOUSE.

TABLE
DES MATIÈRES

⬤⬤⬤⬤
⬤⬤◯⬤

FLEURUS IDEES **VOUS PROPOSE**

DANS LA MÊME SÉRIE :
1. Oiseaux des jardins et des champs.
2. Petit guide de la forêt (1. Arbres et fleurs). Sélection Loisirs-Jeunes 1973
3. Petit guide des rivages.
4. A la découverte des reptiles.
5. Petit guide de l'étang. Sélection Loisirs-Jeunes 1974.
6. Oiseaux de mer et du littoral.
7. Milieux naturels en montagne (1. Les étages des forêts).
8. Petit guide de la forêt (2. Les animaux).
9. A la découverte du ciel.
10. Sur la piste des petits mammifères (1. De la pipistrelle au castor).

DANS LA SÉRIE 100 :
Petits jardins.
Insectes des champs et des bois.

Voir aussi pour les petits dans la collection PREMIERS REGARDS SUR... :
1. Les oiseaux.
2. Les arbres.
3. Le fleuve.
7. Les oiseaux migrateurs.

et pour tous dans la collection ANIMAUX EN VOIE DE DISPARITION :
Les Félins.

Imprimé en Italie
Poligrafico G. Colombi S.p.A. - 20016 pero (Milano)
N° d'édition F. 75047
· Dépôt légal - 2e trimestre 1975
I.S.B.N. 2-215-00042-2